바가바드 기타

"자기 다르마를 수행함으로써 평화의 바다에 이르기를…"

– 정창영

자신의 내적 존재를 인식하는 길

바가바드 기타

정창영 풀어 옮김

무지개다리너머

차 례

번역 과정

19년 전(2000. 1. 10.)에 저의 번역 '바가바드 기타'가 시공사에서 처음 출간되었습니다. 이후 출판사를 바꿔서 물병자리에서 다시 책이 나왔고, 올재클래식 판으로도 출판되었습니다. 다시 출판할 때마다 약간의 번역 손질이 있었고, 번역 노트도 추가했습니다.

그 책을 번역할 때는 내용 전달을 목적으로 삼고 이해하기 쉬운 우리말로 옮기기 위해 노력했습니다. 그러나 이번 번역에서는 내용 전달은 물론이고 원문에 사용된 산스크리트어의 뜻을 최대한 살려 보려고 했습니다. 이 작업을 본문과 번역 노트에 반영시켰습니다.

'바가바드 기타'는 요가 경전입니다. 2000년 당시 우리나라에서는 요가라는 말이 대중에게는 좀 낯설었지만 지금은 그 뜻에 대한 이해가 천차만별이긴 하지만 요가가 많이 보편화되어 있고, 대학에 요가학과도 있고 요가 철학을 전공한 분들도 꽤 많습니다. 더구나 요즘은 유튜브 등의 인터넷 매체를 통해서 요가나 인도 철학에 대한 여러 정보가 널리 퍼지고 있는 상태입니다. 그래서 이제는 요가 철학이나 인도 철학에서 다루는 주요 개념들을 산스크리트어 그대로 전달하기가 많이 쉬워졌습니다. 이것이 '바가바드 기타'를 새로 번역하게 된 동기가 되었습니다.

산스크리트어 원문은 서전트(Winthrop Sergeant), 스와미 프라부파다(Swami Prabhupada), 라다크리슈난(S. Radhakrishnan)의 영역본에 실린 것을 참고했습니다.

산스크리트어 용어의 뜻을 파악하기 위해서는 샴발라(Shambhala)에서 출판한 'The Encylopedia of Eastern Philosophy and Religion'과 서전트(Winthrop Sergeant)의 영역본에 실린 용어 해설과 아래에 열거한 역자들의 해설을 참고했습니다.

스와미 프라부파다(Swami Prabhupada), 기타 소사이어티(Gita Society), 라다크리슈난(S. Radhakrishnan), 이스와란(Eknath Easwaran), 에저튼(Franklin Edgerton), 스와미 프라바바난다와 이셔우드(Swami Prabhavananda & Christopher Isherwood).

'바가바드 기타' 산스크리트어 원문은 700절 전체의 각 절이 4행시로 되어 있습니다. 옛날엔 거의 모든 경전들이 구전으로 전해졌습니다. 그래서 읊조리기 좋게 4행시 형태를 띠게 된 것이라고 생각합니다. 그런데 그 4행시 형태 그대로 우리말로 옮기는 것이 역자의 능력으로는 불가능했습니다. 그렇게 옮겨 놓으면 너도 모르고 나도 모르는 상황이 될 것이 분명했습니다. 간혹 에저튼처럼 4행시 형태로 번역한 역자들이 있는데 그 번역을 이해하려면, 읽고 나서 도대체 무슨 말일까를 앞뒤로 한참 두드려 맞춰 보아야만 합니다. 심하게 말하자면 독자가 번역문을 다시 번역해서 읽어야 한다는 뜻입니다. 그래서 산스크리크어 용어와 개념은 살리면서도 내용 전달을 쉽게 하는 형태의 번역을 하려고 노력했지만 많은 부족함을 느낍니다.

원문에서는 크리슈나의 이름이 마드하브(행운의 여신 마의 남편), 아키유타(흠이 없는 자 또는 불멸자), 케샤바(악마 케쉬를 죽인 자), 고빈다(성스러운 소와 대지와 자연을 보호하는 자), 마두쑤다나(악마 마두를 죽인 자), 자나르다나(모든 피조물을 유지하고 지탱하는 자), 히리쉬케샤(적 또는 감각의 정복자), 요게스바라(요가 수행자들의 주 또는 요가의 주) 등 수십 가지 별칭이 사용되고 있는데 번역에서는 '크리슈나'로 통일했습니다. 아르주나의 경우도 마하바호(강한 팔을 지닌 자), 쿠루난다나(쿠루의 아들), 아나가(비난할 점이 없는 자) 등 수십 가지 별칭이 사용되고 있으며 이 또한 '아르주나'로 통일했습니다.

저에게 '바가바드 기타'를 새롭게 번역할 수 있는 기회를 준 하늘에 감사하며, 이 책에 담겨 있는 크리슈나의 가르침을 깨우치고 체득해서 영혼의 평화와 기쁨을 누리시길 바랍니다.

2019. 6. 20.

옮긴이 손 모음

왕권을 놓고 친척 형제들 간의 전쟁을 앞둔
싸움터 한가운데서 아르주나가 크리슈나에게
괴로움을 호소하면서 이 이야기는 시작된다.

제1장
바가바드 기타의 배경
– 전쟁의 서막

드리타라슈트라:

산자야[1]여,

내 아들들과 판두의 아들들이

법과 정의의 성스러운 땅[2] 쿠루 들판에서

서로 대적하여 싸우려고 모였다는데

상황이 어떻게 되어 가고 있느냐? (1.1)

산자야:

두료다나 왕[3]은

판두의 아들들이 전투를 위해 전열을 정비하는 모습을 보고

스승 드로나에게 가서 이렇게 말했습니다.

"선생님, 저 늘어선 군대를 보십시오.

선생님의 뛰어난 제자 드루파다의 아들이 지휘하고 있는

판두의 아들들의 군대입니다.

저기에는 유유다나, 비라타, 위대한 전사(戰士)인 드루파다,

드리슈타케투, 체키타나, 카시족의 용맹스러운 왕 푸루지트,

쿤티보자, 황소 같은 사이바, 힘이 넘치는 유다마누,

용맹스러운 우타마우자스, 수바드라의 아들

그리고 드라우파디의 아들들이 있습니다.

저들은 모두 비마와 아르주나 못지않은 전사들이자

뛰어난 활잡이들입니다.

모두 막강한 장수들입니다.

오, 두 번 태어난 분⁴⁾들 가운데서 가장 훌륭한 분이시여!

우리 편에도 뛰어난 장수들이 있습니다.

선생님을 비롯하여 비슈마, 카르나,

붙었다 하면 이기는 크리파, 아슈밧타마,

비카르나 그리고 소마닷타의 아들이 우리 편에 있습니다.

그 밖에도 이 전쟁에서 목숨을 버리기로 작정한

많은 용사들이 갖가지 무기로 무장을 하고 있습니다.

이들은 모두 전투에 능한 사람들입니다.

비마가 지휘하고 있는 저쪽 군대보다

비슈마가 지휘하고 있는 우리 편이 훨씬 막강합니다.

그러므로 모든 장수와 병사들이 자기 자리를 지키고

비슈마의 명령을 따르기만 하면 승리는 우리 것입니다." (1.2-11)

두료다나의 말이 끝나자 그의 기운을 북돋우려고

쿠루족의 우두머리인 비슈마가

사자후를 발하면서 소라 나팔을 힘차게 불었습니다.

그러자 소라 나팔과 뿔 나팔과
징 소리와 북소리가 일제히 울려 퍼졌습니다.
그 소리는 천지를 진동시킬 만큼 대단했습니다. (1.12-13)

그러자 흰말들이 끄는 튼튼한 전차 위에 서 있던
크리슈나와 아르주나[5]도 신성한 뿔 나팔을 불었습니다.
크리슈나는 악마 판차야나의 뼈로 만든
판차야나라는 나팔을 불었고,
아르주나는 인드라 신에게 받은
데바다타라는 나팔을 불었습니다.
잔인할 정도로 용맹스러운 비마는
큰 나팔 파운드라를 불었습니다.
쿤티의 아들 유디슈티라 왕은 아난타비자야를 불었고,
나쿨라와 사하데바는 수고샤와 마니푸슈파카를 불었습니다.
최고의 활잡이인 카시족의 왕, 위대한 전사 쉬칸디, 드리쉬타듐나,
비라타, 백전 불굴의 사트야키, 드루파다, 드라우파디의 아들들
그리고 억센 팔을 지닌 수바드라의 아들도
각자 자기의 나팔을 불었습니다.
그들이 부는 나팔소리는 천지를 진동하며
두료다나 병사들의 간담을 서늘케 했습니다. (1.14-19)

이윽고 전투가 시작되었고,
용맹을 상징하는 원숭이 신 하누만이 그려진 깃발을 날리며

전차 위에 서 있던 아르주나가

적진을 향해 활을 쏘려고 하다가

크리슈나에게 이렇게 말했습니다. (1.20)

아르주나:

크리슈나여,

전차를 양군 진영 가운데로 모십시오.

내가 싸워야 할 상대가 누구인지 보고 싶습니다.

드리타라슈트라의 사악한 아들 두료다나를 위해 싸우려고 모인

싸움에 굶주린 사람들이 누군지 한번 확인해 보아야겠습니다.

(1.21-23)

산자야:

아르주나가 이렇게 말하자

크리슈나는 번쩍이는 전차를

양군이 포진하고 있는 한복판으로 몰았습니다.

그리고 두료다나 편에 포진하고 있는

비슈마와 드로나와 여러 장군들6)이 정면으로 보이는 지점에 서서

아르주나에게 말했습니다.

"자, 보시오. 여기 쿠루족 사람들이 다 모여 있소." (1.24-25)

아르주나7)는 친척 아버지들과 할아버지들,

스승들, 외가 쪽 아저씨들, 형제들, 아들들,

손자들과 동료들,

그리고 장인과 친구들이

서로 대치하고 있는 모습을 보았습니다.

그것을 본 아르주나는 깊은 슬픔에 젖어 이렇게 탄식했습니다.

(1.26-27)

아르주나:

오, 크리슈나여!

싸우려고 모여 있는 사람들이

모두 나의 친구와 친척들입니다.

이것을 보니 맥이 빠지고 입이 바싹바싹 마르며 몸이 떨립니다.

소름이 끼치며 머리털이 쭈뼛쭈뼛 섭니다.

살갖이 타들어 가는 듯하고

손에 힘이 빠져 활이 미끄러져 떨어집니다.

버티고 서 있을 수도 없고 마음은 혼란스럽습니다.

오, 크리슈나여,

불길한 예감이 듭니다.

이번 싸움에서 이겨서 왕국을 차지한다고 한들

친척과 친구들을 죽이는 것이 무슨 즐거움이 되겠습니까? (1.28-31)

오, 크리슈나여,

왕국도 필요 없고 즐거움도 다 필요 없습니다.

이 마당에 왕국이 무슨 필요가 있으며,

즐거움은 또 다 무엇입니까?

누구를 위해서, 무엇을 위해서

스승과 제자들, 아버지와 아들들,

할아버지와 손자들, 삼촌과 조카들이

무엇을 위해서 목숨을 내걸고 싸우려고 대치하고 있는 것입니까?

이건 도저히 말이 안 됩니다.

나는 싸우지 않겠습니다.

오, 크리슈나여,

저들이 나를 죽일지라도 나는 저들을 죽이지 않겠습니다.

이 싸움에서 이기면 삼계(三界)[8]의 지배자가 된다고 해도

싸우지 않겠습니다.

하물며 이 땅의 왕권을 위해서 친족과 친구들을 죽여야 한다니

이건 있을 수 없는 일입니다. (1.32-35)

오, 크리슈나여!

큰아버지의 아들들과 친구들을 죽이는 것이

어찌 즐거움이 될 수 있겠습니까?

저들이 악한 무법자라고 할지라도

저들을 죽이면 씻지 못할 죄인이 될 것입니다.

저들을 죽이는 것은 옳은 일이 아닙니다.

크리슈나여!

드리타라슈트라의 아들들은 모두 저의 친척입니다.

친척을 죽이고 어떻게 행복할 수 있겠습니까? (1.36-37)

저들이 탐욕에 사로잡혀서 분별력을 잃고,

가족을 죽이고 친구를 해치면서도

그것을 악이라고 생각하지 않는다고 할지라도,

어찌 그것을 악으로 여기는 우리까지 그런 짓을 할 수 있겠습니까?

그렇게 하면 가문이 몰락할 것입니다.

가문이 몰락하면 오래된 가문의 법도9)가 사라지고,

가문의 법도가 사라지면 온 가족 사이에서 무법이 판을 치고

가문의 여인들도 본분을 잃고 타락하여10),

원치 않는 아이들이 태어나게 될 것이고,

그런 아이들이 많아지면

가문이 파괴되어 피해를 입은 사람이든

그들에게 피해를 입힌 사람이든

모두 똑같이 지옥 같은 삶을 살게 되고,

제사를 통해 하늘과 조상을 흠모하는 영적인 전통11)이 중단될 것입니다.

그러므로 친족을 죽이면 결국 가문은 물론

사회 전체의 영적인 질서12)가 무너질 것입니다. (1.38-43)

저는 어릴 적부터

법도가 무너진 집안 사람들13)은

반드시 지옥 같은 삶을 산다고 배웠습니다.

그런데 우리는 지금 왕권의 안락에 대한 욕심으로

친족을 죽이려고 하고 있습니다.

이건 엄청난 죄악입니다.

차라리 드리타라슈트라의 아들들이 무기를 손에 들고,

무기도 지니고 있지 않고 저항도 하지 않는

나를 공격하여 죽인다면 그게 더 행복하겠습니다. (1.44-46)

산자야:

양쪽 진영 가운데에서,

슬픔에 사로잡힌 아르주나는 이렇게 말하고 나서

활과 화살을 내팽개치며

전차 위에 털썩 주저앉았습니다. (1.47)

간기(刊記) 14): 이것이 크리슈나와 아르주나의 대화로 이루어진, 절대(브라만, Brahman) 15)에 대한 학문이자 요가의 경전인 '바가바드 기타'라는 '우파니샤드'의 제1장 '아르주나의 번민' 편이다.

제2장
바가바드 기타 전체 가르침의 개요

산자야:

크리슈나는 이렇듯 슬픔과 절망에 휩싸여

눈물 젖은 눈으로 괴로워하는 아르주나에게

이렇게 말했습니다. (2.1)

크리슈나:

아르주나여,

이런 급박한 상황에서 어찌 그리 나약하게 낙담을 한단 말이오.

이는 삶을 이해할 만한 그대와 같은 사람에게는 어울리지 않소.

계속 그런다면 하늘에 이르지 못하고

수치스러운 이름만 남게 될 것이오.

아르주나여, 나약함에서 빠져나오시오.

이것은 그대에게 어울리지 않소.

용감하게 일어나서 적을 무찌르시오! (2.2-3)

아르주나:

크리슈나여,

제가 어떻게 공경받아 마땅한

비슈마와 드로나 두 어른을 상대로 싸울 수 있겠습니까?

저의 스승들이 그 훌륭한 어른들을 죽이느니 차라리

평생을 비렁뱅이처럼 빌어먹는 편이 낫겠습니다.

제가 제 욕심만 차려 그분들을 죽인다면,

제가 누릴 즐거움은 온통 피로 물든 즐거움일 뿐일 것입니다.

(2.4-5)

저는 또한 우리가 저들을 이기는 것이 나은지

아니면 저들이 우리를 이기는 것이 나은지조차도 모르겠습니다.

사촌 형제인 드리타라슈트라의 아들들이

지금 우리와 대치하고 있습니다.

하지만 저들을 죽이고 나면

우리도 살고 싶은 마음이 없어질 것 같습니다. (2.6)

어떻게 해야 내 의무[1]를 다하는 것인지

정말 혼란스러워서 어찌할 바를 모르겠습니다.

지금 이 상황에서 어떻게 하는 것이 좋은 것입니까?

당신을 스승으로 모실 테니 제발 좀 가르쳐 주십시오.

피를 말리는 이 슬픔을 어떻게 하여야 극복할 수 있습니까?

이 세상에서 가장 강력한 왕국을 차지하고

온갖 부를 누리며

하늘의 영웅적인 신들처럼 된다고 해도

나의 이 비통함은 사라지지 않을 것 같습니다. (2.7-8)

산자야:

위대한 전사 아르주나는 크리슈나에게 이렇게 말한 다음

"크리슈나여, 나는 싸우지 않겠습니다" 하고는

입을 다물었습니다.

그러자 크리슈나는 양 진영 한가운데서

그와 같이 낙담하고 있는 아르주나를 보고

빙긋이 웃으면서 다음과 말했습니다. (2.9-10)

크리슈나:

그대의 말은 그럴듯하다[2].

하지만 그대는 슬퍼할 이유가 없는 것 때문에 슬퍼하고 있다.

지혜로운 사람은 산 자를 위해서도 슬퍼하지 않고

죽은 자를 위해서도 슬퍼하지 않는다.

그대와 나와 여기 모여 있는 왕들은 항상 존재하고 있었으며,

앞으로도 영원히 존재할 것이다.

몸을 입은 한 영혼이

소년의 몸과 젊은이의 몸과 늙은이의 몸을 거쳐 가듯이

죽은 다음에는 죽은 다음의 몸을 입는다.

지혜로운 사람은 이런 변화에 미혹되지 않는다. (2.11-13)

아르주나여,

사람은 감각 대상과의 접촉에 의해[3]

차가움과 뜨거움, 즐거움과 괴로움을 경험한다.

그러나 이런 경험은 일시적인 것이다.

영원한 것이 아니다.

계절이 바뀌듯이

일시적으로 왔다가 가는 것들이니 그것들을 허용하라.

황소처럼 강인한 자여,

이런 변화가 일어나도 동요하지 않고,

즐거움 속에서나 괴로움 속에서나

마음의 평정을 유지하는 사람이

진정으로 지혜로운 사람이며,

영원한 자유를 얻기에 합당한 사람이다. (2.14-15)

실재가 아닌 일시적인 것은 존재하는 것이 아니다.

반면에 늘 존재하는 실재는 그 존재함이 끝나지 않는다.

이 사실을 깨달은 사람은 궁극적인 진리를 깨달은 것이다.

온 우주에 충만하게 깃들어 있는

결코 없어지지 않는 실재를 깨닫도록 하라.

이 영원한 실재는 어떤 힘으로도 없애 버릴 수가 없다.

육체는 사라져 없어지지만 육체 속에 거하는

측량할 수 없는 이 실재[4]는 영원히 죽지 않는다.

그러니 아르주나여, 아무 염려 말고 나가서 싸워라. (2.16-18)

몸을 입은 자5)를 죽이는 자라고 생각하는 사람이나

또는 죽임을 당하는 자라고 생각하는 사람은

둘 다 무지한 사람이다.

몸을 입은 자는

죽이지도 않고 죽임을 당하지도 않기 때문이다.

몸을 입은 자는 태어난 적이 없으며, 죽지도 않는다.

몸을 입은 자는 결코 변하지 않는다.

태어나지도 않고 변하지도 않으며

태곳적부터 존재한,

영원한 몸을 입은 자는

육체가 죽는다고 해도 죽지 않는다.

몸을 입은 자, 곧 진짜 자기는 태어나지도 않고 변하지도 않으며

죽지도 않는 영원한 존재임을 깨달은 사람이

어떻게 다른 사람을 죽이거나

죽일 수 있다고 생각할 수 있겠는가? (2.19-21)

몸을 입은 자는

낡은 옷을 벗어 버리고 새 옷으로 갈아입듯이,

입고 있는 몸이 낡으면

낡은 몸을 벗어 버리고 새 몸으로 갈아입는다. (2.22)

몸을 입은 자는 칼로 벨 수 없고,

불에도 타지 않으며, 물에도 젖지 않고,

바람으로 말릴 수도 없다. (2.23)

몸을 입은 자는 벨 수도 없고, 태울 수도 없으며,

젖게 하거나 마르게 할 수도 없다.

그는 영원하며, 어디에나 있고, 변하지 않는다.

그는 흔들리지 않고

영원히 동일한 상태로 존재한다. (2.24)

몸을 입은 자는 눈에 보이지 않으며,

인간의 생각으로는 그가 어떠리라고 상상도 할 수 없다.

그는 변화를 경험하지만 자신은 변하지 않는다.

그대는 이 진리를 깨닫고 슬픔에서 벗어나도록 하라. (2.25)

강인한 팔을 지닌 자여, 그대가 비록

사람을 태어남과 죽음을 반복하는 존재라고 믿고 있을지라도

그것 때문에 슬퍼해서는 안 된다.

왜냐하면 태어난 사람은 죽음을 피할 수 없으며,

죽은 자는 반드시 다시 태어나기 때문이다.

나고 죽는 것이 피할 수 없는 일일진대

어찌 죽는다고 슬퍼할 필요가 있겠는가.

그러므로 피할 수 없는 것에 대해서 근심하지 마라. (2.26-27)

현상 세계의 만물은 태어나기 전에는 눈에 보이지 않는다.

그러다가 현상 세계에 나타났다가
다시 눈에 보이지 않는 세계로 사라진다.
태어남과 죽음 그 사이 중간에만 눈에 보인다.
여기에 뭐 슬퍼할 것이 있는가? (2.28)

어떤 사람은 몸을 입은 자를 불가사의하다고 생각한다.
또 어떤 사람은 몸을 입은 자를 불가사의하다고 설명한다.
사람들은 그 설명을 들어도
몸을 입은 자를 전혀 이해하지 못한다. (2.29)

아르주나여,
모든 존재의 육체 속에 거하는
몸을 입은 자는 영원하다.
그러므로 결코 그를 죽일 수 없다.
그러니 무엇이 죽거나 사라지더라도 슬퍼할 필요가 없다. (2.30)

전사로서의 그대의 다르마6)를 생각하고
전사에게는 정의를 위해 싸우는 것보다 더 좋은 것이 없음을 알고
주저하지 말고 싸워라. (2.31)

아르주나여,
정의를 위한 전쟁에 참여하게 된 전사는 기뻐해야 한다.
정의를 위한 전쟁에서 자신의 다르마를 수행함으로써

하늘나라에 들어갈 기회⁷⁾가 온 것이기 때문이다.
그대가 정의를 위한 이런 전쟁에 참여하지 않는다면
그것은 그대의 다르마를 저버리는 일이며,
명예를 더럽히는 일이다.
그것은 죄를 짓는 것이다. (2.32-33)

그러면 사람들은
그대의 수치스러운 행동을 두고두고 이야기할 것이다.
존경받아야 할 사람이
명예스럽지 못한 평을 듣는 것은
죽는 것보다 못한 것이다.
용감한 전사들은 그대가 겁이 나서
전사의 기쁨을 포기했다고 생각할 것이며,
그대를 존경하던 자들도 그대를 경멸할 것이다.
그리고 그대의 적들은
도저히 입에 담을 수 없는 말로 그대를 조롱할 것이다.
이보다 더 고통스러운 일이 어디 있겠는가? (2.34-36)

그대가 전쟁에서 죽는다면 하늘나라에 이를 것이요,
승리한다면 이 땅에서 즐거움을 누릴 것이다.
그러므로 아르주나여,
싸우겠다는 확고한 결단을 하고 일어서라. (2.37)

고통과 즐거움, 얻음과 잃음,

승리와 패배를 동일한 것으로 여기고

이 위대한 전투에 뛰어들어

그대의 의무를 수행하라.

그러면 그대는 죄를 짓지 않게 될 것이다. (2.38)

아르주나여,

나는 지금까지 진리에 대해

분별력을 가지고 생각하면 누구나 알 수 있는 설명[8]을 했다.

이제는 분명한 결과가 따라오는

그 앎을 실천하는 요가에 대해 말해 주겠다.

이 실천을 통해 그대는

모든 행위의 굴레에서 벗어날 수 있으리라. (2.39)

이 실천의 길, 곧 요가 수행의 길에서는

어떤 노력도 결코 헛되지 않고,

점점 더 나은 상태로 나아간다.

아주 작은 노력일지라도

그대가 가장 두려워하는 것에서 벗어나게 해 줄 것이다. (2.40)

아르주나여,

이 길을 가는 사람은 참나를 깨닫겠다는

오직 한 가지 목표를 향해 흔들리지 않고 전진한다.

하지만 결단력이 없는 사람들은 여기저기 끝없이 헤맨다. (2.41)

아르주나여,

무지한 사람들은

베다 경전에 기록되어 있는 말을 최고로 여기고,

미사여구를 동원하여 그것을 떠벌린다.

그들은 경전에서 가르치는 것을 따르면

천상의 복락을 누리고 좋은 조건으로 환생한다고 말한다.

하지만 그들이 말하는 천상의 복락이란

감각의 만족과 부유한 삶에 대한

자신들의 욕망의 투사에 지나지 않는다.

그들은 쾌락과 물질적인 부유함을 얻기 위해서

갖가지 특별한 의식을 거행한다.

하지만 욕망에 따른 그런 행위로 인해

끊임없이 나고 죽는 윤회의 바다에서 헤어 나오지 못한다.

감각의 쾌락과 물질적인 풍요를 추구하는 사람은

지고한 목표를 향해 나아갈 수 없으며,

궁극적인 경지인 사마디⁹⁾에 도달하지 못한다. (2.42-44)

베다 경전은

물질 세상을 구성하고 움직이고 있는

세 가지 '기운'¹⁰⁾에 대해 설명하고 있다.

아르주나여,

그러나 그대는 이 세 가지 '기운'의 활동을 초월해야 한다.

마음을 제어하여 모든 이원성을 넘어서서,

영원한 진리 위에 굳건히 서야 한다.

얻고자 하는 마음이나

얻은 것을 쌓아 놓고자 하는 욕망에서 벗어나

아트만만이 존재하는 상태에 머물러야 한다. (2.45)

베다 경전은,

지고한 신성(神性)을 아는 자[11]에게는

광대한 호수의 물을 쓸 수 있는 사람에게

작은 항아리의 물과 같다. (2.46)

그대의 다르마는

그대에게 부여된 일을 하는 것이다.

행위의 결과는 그대가 관여할 부분이 아니다.

행위의 결과에 대한 기대를 가지고,

그것을 목적으로 행위해서는 안 된다.

하지만 어떠하든지, 그대의 의무를 피하면 안 된다. (2.47)

아르주나여,

성공과 실패에 연연해하지 말고

합일 상태에 머무는 흔들리지 않는 요가 수행을 하면서,

그대의 다르마를 수행하라.

마음이 흔들리지 않는 이런 상태를 닦는 것이
요가 수행이다. (2.48)

아르주나여,
직관적인 식별력을 갈고닦는 붓디 요가[12])를 수행함으로써
결과에 집착하는 행위에서 멀어지도록 하라.
행위의 결과에 대한 욕망을 가지고 행동하는 사람은 불행하다.
그들에게는 뜻대로 되지 않는,
바라는 결과에 대한 목마름이 그치지 않을 것이기 때문이다. (2.49)

그러나 직관적인 식별력을 갈고닦는 요가 수행을 통해서
결과의 좋고 나쁨이라는 이원성을 넘어
마음의 평정을 획득한 사람은
아무것도 갈망하지 않게 된다.
그러므로 결과에 집착하지 않는 요가 수행에 힘을 쏟아라. (2.50)

직관적인 식별력을 갈고닦은 지혜로운 사람은
끊임없는 윤회의 원인이 되는
행위의 결과에 대한 집착을 포기한다.
그리하여 그들은 윤회의 사슬을 끊고
고통과 슬픔이 없는 곳에 이른다. (2.51)

그대의 마음이 이원성의 어두운 숲에서 벗어난다면,

지금까지 들은 것과 아직 듣지 못한

경전의 모든 말이 별로 중요하지 않게 된다. (2.52)

경전의 현란한 말과 가르침에 마음이 흔들리지 않고,

깊은 사마디에 안주할 수 있을 때,

그대는 지고한 존재와의 합일 상태인 요가를 성취하게 될 것이다.

(2.53)

아르주나:

오, 크리슈나여,

사마디에 안주하여

참나에 대한 깨달음이

흐트러지지 않는 사람의 모습은 어떠합니까?

그들은 어떻게 말하고, 어떻게 앉으며, 어떻게 걷습니까? (2.54)

크리슈나:

아르주나여,

마음에서 일어나는 모든 욕망을 씻어 내고,

참나에 머무는 것에 만족하는 사람을

초월적 지혜를 지닌 사람이라고 한다.

그들은 괴로움 속에서도 마음이 흔들리지 않으며,

즐거움을 누리면서도 기뻐하며 흥분하지 않는다.

모든 집착과 두려움과 분노에서 벗어나

생각의 흐름이 출렁거리지 않는 사람,

이런 사람이 진정으로 지혜로운 사람이다.

어떤 것에도 애착을 갖지 않고,

좋은 일을 만나든지 나쁜 일을 만나든지

좋아하거나 싫어하지 않는 사람,

이런 사람이 확고한 깨달음을 얻은 사람이라고 한다. (2.55-57)

거북이가

껍질 속으로 머리와 발을 끌어들이듯이

감각의 대상으로 향하던 감각을

완전히 거두어들일 때 흔들리지 않는 의식에 이른다.

감각을 대상에서 거두어들여도[13]

감각 대상에 대한 미약한 갈망이 한동안 남아 있다.

하지만 초월적 지고함을 체험하는 순간

감각 대상에 대한 모든 갈망은 사라져 버린다. (2.58-59)

아르주나여,

감각의 자극은 아주 강하다.

자신을 제어하려고 애쓰는 분별력 있는 사람조차도

감각의 힘에 사정없이 휩쓸려 버릴 수 있다.

하지만 마음을 나에게 집중하고[14]

감각을 제어하며 요가 수행을 하는 사람은

흔들리지 않는 지혜를 얻는다. (2.60-61)

감각의 대상에 대한 생각을 하고 있으면

집착이 생긴다.

집착은 욕망을 낳고,

욕망이 채워지지 않으면 분노가 일어나며,

분노는 판단력을 흐리게 하여

올바른 선택을 할 수 없게 만든다.

그리하여 결국은 올바른 길에서 멀어진다. (2.62-63)

그러나 감각의 세계 속에 살면서도 집착하지 않고

좋고 싫음을 초월한다면

모든 슬픔과 고통이 사라진 고요한 평화가 찾아올 것이며,

고요한 평화에 이른 사람은

흔들리지 않는 지혜에 안주하리라[15]. (2.64-65)

마음을 제어하지 못하는 사람은

흔들리지 않는 지혜에 이르지 못한다.

그러면 평안을 얻을 수 없고,

평안이 없다면 어찌 즐거움이 있을 수 있겠는가?

그대의 마음이

감각의 요구에 따라 이리저리 끌려다닌다면,

거센 바람이 작은 배를 집어삼키듯이

그대의 초월적 지성[16]이

감각 속에 매몰되어 버리고 만다. (2.66-67)

아르주나여,

감각 대상으로 향하는 감각을 완전히 거두어들인 사람은

초월적 지성이 흔들리지 않는 상태에 이른다.

감각을 제어하는 사람은

다른 사람들이 어둠 속에 잠들어 있을 때

밝게 깨어 있다.

그에게는

세상 사람들이 밝은 대낮이라고 하는 것들이

어두운 밤에 지나지 않는다. (2.68-69)

모든 강물이 바다로 흘러들어 가지만

바다는 넘치지 않고 고요하다.

감각기관의 욕망을 내면의 바다로 끌어들이는 사람은

그처럼 고요한 평화를 누린다.

하지만 욕망의 대상을 쫓아 다니는 사람은

결코 평화의 바다에 이르지 못한다. (2.70)

모든 감각의 욕망을 버리고

결과에 대해 집착하지 않고 행하는 사람,

'나'와 '나의 것'이라는

거짓 나에 대한 망상을 넘어선 사람[17]만이

참된 평안에 이른다.

아르주나여, 이것이 지고한 경지[18]이다.

여기에 이른 사람은 더 이상 미혹되지 않는다.

이 자리에 도달한 사람은

죽음을 넘어 영원[19]으로 들어간다. (2.71-72)

제3장
초월적 자유에 이르는 행위

아르주나:

크리슈나여, 당신 말씀처럼

미혹되지 않는 초월적 지혜가 행위보다 중요하다면

어째서 저에게

이런 끔찍한 전쟁¹⁾을 치루라고 요구하시는 겁니까?

당신의 가르침이 애매모호해서

참으로 혼란스럽습니다.

저에게 가장 도움이 되는 길은 무엇입니까?

한 가지로 결정하여 가르쳐 주십시오. (3.1-2)

크리슈나:

오, 순결한 영혼의 소유자 아르주나여,

내가 예부터 가르쳤듯이²⁾

길³⁾은 둘이 있다.

초월적 지혜를 추구하는⁴⁾ 갸나 요가⁵⁾의 길과

결과에 대한 집착이 없이 행위하는 법을 익히는

카르마 요가[6]의 길이 그것이다. (3.3)

단순히 행위를 포기한다고 해서
행위의 결과로 따라오는
반작용으로부터 자유로워지는 것은 아니다.
행위를 포기하는 것만으로는 완전함에 이르지 못한다.
누구나 자신의 본성, 곧 타고난 기운[7]에 따라
끊임없이 행위하도록 되어 있기 때문에
단 한순간이라도
아무런 행위를 하지 않을 수 있는 사람은 없다. (3.4-5)

마음은 끊임없이 감각의 대상을 좇아 다니면서도
감각기관과 감각을 제어하며
억제된 자세로 앉아 있는 사람은
스스로 자신을 속이는 위선자다.
하지만 마음으로 감각기관을 통제하면서,
감각기관의 활동을
결과에 대한 집착이 없는 행위에 쓰는 사람은[8]
진실로 뛰어난 사람이다. (3.6-7)

그러므로 아르주나여,
그대에게 주어진 의무를 수행하도록 하라.
행위를 하는 것이

아무것도 하지 않는 것보다 훨씬 더 낫다.
아무것도 하지 않으면 그대는
그대의 육신조차 지탱할 수 없을 것이다. (3.8)

신께 제물을 바치듯이 행하는 행위 외에는
모든 행위는 행위자를 물질세계의 욕망의 굴레에 얽매이게 한다.
그러므로 아르주나여,
그대는 행위의 결과에 대한 기대나 집착이 없이
그대에게 주어진 의무를 수행하라.
그러면 아무것에도 얽매이지 않은,
완전히 자유로운 상태로 존재할 것이다. (3.9)

태초에 모든 피조물의 창조주께서
인간을 창조하실 때
대가를 바라지 않고 드리는 제사를 함께 창조하셨다.
그리고 창조주 프라자파티는
"결과에 대한 집착이 없이
제사를 드리듯이 모든 행위를 함으로써
점점 더 번성하고
모든 소원을 이루게 될 것이다"라고 말씀하셨다. (3.10)

그대들이 제사를 드리며 제물을 바칠 때
신들은 기뻐하며 그대들도 기쁘게 해 줄 것이다.

그러므로 무언가를 기대하지 않고
제물을 바치듯이 행위하며 서로를 사랑한다면
지고한 기쁨을 누리게 될 것이다.
그대들이 드리는 제사를 흐뭇하게 여기는 신들은
그대들에게 필요한 모든 것을 채워 줄 것이다.
신께 제물은 바치지 않고
신이 주는 선물만을 받아 즐기려는 사람은
단언컨대, 그는 도둑이다. (3.11-12)

자기가 먹는 음식도
신께 제물을 바치는 심정으로 먹는 사람은[9]
모든 죄악에서 벗어난다.
하지만 자신의 혀와 배를 만족시키기 위해서
음식을 준비하고 먹는 사람은
음식이 아니라 자신의 탐욕을 먹는 것이다. (3.13)

모든 사람이 음식을 먹고 생명을 유지한다.
그런데 음식이 되는 곡식은 비를 먹고 자라며,
비는 아무런 대가도 바라지 않고 내린다.
비가 내리고 곡식이 영그는 것도 그 자체가
대가를 바라지 않는 행위인 제사인 셈이다. (3.14)

아르주나여,

결과를 기대하지 않고 제물을 바치는 행위인

제사에 대한 베다 경전의 규례는

지고한 신성 브라만에서 비롯된 것이다.

온 우주에 편만하게 깃들어 있는 브라만은

제물을 바치듯이

결과를 기대하지 않고 행하는 모든 행위를 지원한다. (3.15)

아르주나여,

서로가 서로의 제물이 됨으로써

세상이 돌아가는 제사의 법칙을 어기고,

감각의 만족만을 추구하는 사람의 삶은

죄악으로 가득 차 있으며

그런 사람의 삶은

충족되지 않는 욕망으로 인해 공허하다. (3.16)

하지만 아트만으로 존재하는 것에서 기쁨을 얻고,

그렇게 존재하는 것으로 만족하는 사람은

무엇을 해야만 한다는 의무감에서 해방된다.

그에게는 해야만 하는 무엇도 없고

하지 말아야 할 무엇도 없다.

그는 그저 행위를 할 뿐

행위를 통해서 무엇이 어떻게 되길 바라지 않는다.

그것을 통해 무엇을 얻으려고 하지 않는다.

어떤 것을 하거나 하지 않거나

아무것도 기대하지 않고 그렇게 한다. (3.17-18)

그러므로 언제나 결과를 목적으로 삼지 말고

그대가 마땅히 할 바를 하라.

그대는 집착 없는 행위를 통해서

지고한 경지에 도달하게 될 것이다.

지혜로운 임금이었던 자나카 왕10)과

여러 다른 현자들은

이런 행위를 통해 완전에 이르렀다. (3.19-20)

훌륭한 사람이 어떤 행동을 하면

다른 사람도 그것을 따라가려고 애쓴다.

그가 보인 모범을 온 세상이 따르는 것이다.

아르주나여,

나는 이 세상에서11)

꼭 해야 할 일도 없고 꼭 얻어야 할 것도 없다.

그럼에도 불구하고 나는 행위를 멈추지 않는다.

나는 무엇을 얻기 위해서 행동하는 것이 아니다.

만약 내가 행위를 멈춘다면

사람들은 즉시 나를 본받아서

행동하지 않으려고 할 것이다.

그러므로 내가 일하기를 멈추면

세상이 유지되지 않고 혼란에 빠질 것이고[12],
결국에는 세상에서 질서와 평화가 사라질 것이다. (3.21-24)

아르주나여,
무지한 사람은 결과에 집착하여 행위를 하고
지혜로운 사람은 결과에 집착하지 않고
세상을 건강하게 유지하기 위해서 행위한다.
무지한 사람을
이기적인 욕심에 따라 살지 말라고 꾸짖지 마라.
그렇게 하면 그들의 마음은 혼란해진다.
지혜로운 사람은
이익에 집착하여 행위하는 사람들을
그냥 자신들의 행위를 즐기도록 내버려 두고,
자신은 굳건한 요가 정신으로 행위한다. (3.25-26)

모든 행위는
타고난 본성적인 기운[13]의 흐름에 의해 저절로 일어난다.
그러나 어리석은 사람은
자기를 행위자라고 생각한다.
하지만 아르주나여,
행위가 어떻게 일어나는지 그 진실을 아는 사람은
행위에 집착하거나 얽매이지 않는다.
그들은 세 가지 서로 다른 기운의 상호 작용에 의해[14]

저절로 행위가 일어난다는 것을 알기 때문에
행위의 결과에 집착하지 않는다.
그들은 결과에 집착하는 행위와
결과에 집착하지 않는 행위가 어떻게 다른지를 안다. (3.27-28)

모든 행위가
세 가지 기운의 상호 작용에 의해
일어난다는 것을 모르는 사람은
결과에 집착하여 행위한다.
행위가 구나의 활동으로 저절로 일어난다는 것을 아는 사람은
그런 무지한 사람을 혼란하게 만들면 안 된다.
그대는 의식을 아트만에 굳게 고정시키고,
모든 행위가 '나'15)에게서 비롯된다는 것을 알고
아무런 대가도 바라지 말고 행위하도록 하라.
자, 나가서 싸워라!
그대의 욕망을 버리고 싸워라. (3.29-30)

내가 가르치는 이 법칙을
진리라고 확신하고
행위를 할 때 결과에 집착하지 않으려는 노력을
지속적으로 꾸준히 하는 사람은
하나의 행위가 다음 행위의 원인이 되는
카르마의 굴레에서 벗어난다.

그러나 의심하고 불평하면서

이 가르침을 무시하고

결과에 집착하지 않는 행위를 연습하지 않는 사람들은,

그들의 무지로 인하여

하나의 행위가 다음 행위의 원인이 되는

카르마의 굴레에서 벗어나지 못한다. (3.31-32)

지혜로운 사람일지라도

자신의 본성 16)에 따라 행동한다.

본성의 힘에서 벗어날 수 있는 사람은 아무도 없다.

그러니 어떤 행위를 하지 않으려고

스스로를 억압하는 것은 아무 소용이 없는 일이다.

감각기관은 어떤 대상을 좋아하기도 하고 싫어하기도 한다.

하지만 좋고 싫은 느낌의 지배를 받지 않도록 하라.

좋은 느낌에 종속되든지 싫은 느낌에 종속되든지

느낌에 종속되는 것은

그대의 영적인 여정을 방해하는 두 장애물이다. 17) (3.33-34)

실수가 있고 부족하더라도 자신의 다르마를 수행하는 것이

다른 사람의 다르마를 완벽하게 수행하는 것보다 낫다.

죽더라도 자신의 다르마를 수행하다 죽는 편이 훨씬 더 낫다.

자신의 다르마를 내팽개치고

남이 하는 일을 부러워하며 그것을 따라가는 사람은

위험한 지경에 이른다. (3.35)

아르주나:

크리슈나여,

그러면 사람들로 하여금

자신의 다르마를 게을리하면서

남의 일을 부러워하며, 그걸 따라가게 만드는 힘은 무엇인가요?

심지어는 자신들의 의지와 상관없이

그렇게 하기도 하는데

대체 어떤 힘이 그렇게 충동질을 하는 것입니까? (3.36)

크리슈나:

본성의 세 기운 중에서

활동적인 기운인 라자스 구나에서 비롯되는

욕망과 분노의 에너지가 사람들을 그렇게 만든다.

욕망이 충족되지 않으면 분노가 일어난다.

그대는 이 욕망과 분노가 악이며,

이것이 그대에게 대단히 위험한 적임을 알아야 한다. (3.37)

아르주나여,

연기가 불을 가리고 먼지가 거울을 덮듯이,

또 뱃속의 아이가 막으로 덮여 있듯이

참된 지혜가 이기적인 욕망에 가려져 있다[18].

도저히 만족하지 못하는 이 욕망의 불길이
예부터 지혜로운 자들의 가장 무서운 적이었다.
욕망은 현자의 지혜까지도 어둡게 만든다. (3.38-39)

욕망은
감각기관과 마음과 초월적 지성을 지배하여
'몸을 입은 자', 곧 아트만의 빛을 가린다.
그래서 사람들은 망상에 빠진다.
그러므로 아르주나여,
그대는 먼저 감각기관을 제어하여 [19]
지혜와 분별력을 어둡게 만드는
그대의 적을 쳐부숴라.
힘을 다해 싸워라. (3.40-41)

물질적인 육체보다 감각기관이 우월하며,
감각기관보다 마음[20]이 더 우월하다.
그리고 마음보다 초월적 지성[21]이 더 우월하며,
지성 위에는 참나 아트만이 있다.
그러므로 초월적 지성 너머에 있는
아트만으로 존재하면서
아트만이 그대의 저급한 자아를 정복하게 하라.
아르주나여,
억센 팔을 휘둘러

이기적인 욕망이라는 무서운 적을 정복하라. (3.42-43)

제4장
초월적 자유에 이르는 앎

크리슈나:

나는 이 불멸의 요가를

태양신 비바스바트에게 전해 주었다.

비바스바트는 인류의 조상인 일곱 번째 아들 마누에게,

그리고 마누는 자기의 아들 이크샤바쿠에게

이 가르침을 전했다.

아르주나여,

왕가의 현자들은 이처럼 대를 이어 가면서

먼 옛날부터 전승되어 내려오는 요가의 가르침을 전수받았다.

그러나 세월이 지남에 따라 전승의 대가 끊어지고

이 불멸의 요가가 세상에서 사라지게 되었다. (4.1-2)

이 가르침은 매우 깊은 비밀이다.

그러나 그대는 나의 친구이자 제자이기 때문에

고대에 전승되던 요가의 가르침을

오늘 그대에게 설명해 주었다. (4.3)

아르주나:

당신은 비바스바트보다 훨씬 뒤에 태어났는데
어떻게 그에게 요가의 가르침을 전해 주었다는 말씀입니까?
도무지 이해가 되지 않습니다. (4.4)

크리슈나:

아르주나여,
그대와 나는 수많은 생을 거쳐 왔다.
적을 정복하는 자1)여,
그대는 그대의 전생을 기억하지 못하지만
나는 모두 기억하고 있다. (4.5)

나의 진정한 존재인 아트만은 태어남이 없고,
영원하며 변하지 않는다.
나는 만물 속에 거하는 그들의 진정한 주인2)이다.
하지만 나는 가상 현실 세계3)를 제어하는 초월적 창조력으로
나 자신을 육체적인 형태로 드러낸다.
나는 신성한 질서4)가 쇠퇴하고 거짓이 세상을 덮으면
어느 때고 이 땅에 모습을 드러낸다.
나는 의롭고 선한 자를 악한 자들로부터 보호하기 위해,
그리하여 신성한 질서를 다시 확립하기 위해
매 시대마다 다시 온다. (4.6-8)

내가 태어난 것이 신성의 현현이고
나의 행위가 신의 행위임을 아는 사람은
몸을 떠난 다음 나와 하나가 된다.
그는 이 세상에 다시 태어나지 않는다.
아르주나여,
모든 것의 근원이 '나'라는 진리를 깨우친
많은 사람이 집착과 두려움과 분노에서 벗어났으며,
그 깨달음의 불길로 정화되어
나의 존재 상태에 이르렀다. (4.9-10)

사람들은 여러 가지 방식으로 나에게 귀의한다.
나는 그들이 어떤 길을 통해서 오든지
그들에게 합당한 보상을 한다.
아르주나여,
실제로 사람들은
여러 가지 방식으로 나의 길을 따른다.
세상 사람들은 자기가 하는 일이 성공하길 바라면서
저마다 자신이 선택한 신에게 제물을 바친다.
그런 방식으로 신을 섬겨도 보상이 주어진다. (4.11-12)

신분의 구별[5],
세 가지 서로 다른 본성적인 에너지,
그리고 서로 다른 본성적인 에너지에 따라 일어나는

서로 다른 행위가

다 나에게서 비롯된 것이다.

내가 그것들의 창조자이다.

하지만 나는 영원히 하고자 함이 없이 그렇게 한다[6]. (4.13)

내가 어떤 행위를 하더라도

나는 그 행위의 영향을 받지 않는다.

나는 행위의 결과에 집착하지 않기 때문에

어떤 행위도 나에게 영향을 미치지 못한다.

이것을 이해하고 실천하는 사람도 행위를 한다.

이 진리를 깨달은 옛사람들은

깨달음을 얻은 후에도 행위를 멈추지 않았다.

그러므로 그대도

고대의 현자들이 그랬던 것처럼

그대의 일을 계속해 나가라.

행위의 결과에 종속됨이 없이 그대의 의무를 수행하라. (4.14-15)

무엇이 '행위'이고 무엇이 '행위하지 않음'인가?[7]

이 문제에 대해서는 현자들[8]조차도 혼돈을 겪었다.

이제 내가 행위에 대한 비밀을 가르쳐 주겠다.

이것을 알면 그대는 행위의 굴레에서[9] 벗어나게 되리라. (4.16)

행위가 무엇인지를 이해하기는 어렵다.

그럼에도 불구하고 행위가 무엇인지를 알아야만 한다.
또한 무엇이 잘못된 행위이며
무엇이 행위하지 않음인지도 알아야만 한다. (4.17)

행위를 하면서도 인위적으로 함이 없이
무위(無爲)로 행위하는 사람이 지혜로운 사람이다.
그들은 의식이 요가로 제어된 상태에서10)
모든 행위를 한다. (4.18)

현자들은
목적이나 결과에 집착하지 않고 행동하는 사람,
이기적인 욕망11)을
진리를 이해하는 지혜의 불에 완전히 태워 버린 사람을
지혜로운 사람이라고 부른다.
결과에 집착하지 않고 행위하는 사람은
결과에 따라 울고 웃지 않는다.
그는 어떤 결과가 와도 만족한다. (4.19-20)

결과를 기대하지 않고,
자기 이익에 대한 욕망을 포기하고,
아트만 상태에 머물면서
육체가 이런저런 행동을 하는 사람은
무엇을 해도 잘못이 없다.

선과 악, 좋고 싫음의 이원적인 분별과

욕망으로부터 자유로워진 사람은

순간순간의 만족과 자유를 누린다.

그들은 성공과 실패를 구별하지 않고,

행위의 결과가 어떠하든지 항상 만족한다.

따라서 그들은 행위를 하지만 행위에 구속되지 않는다.

그들의 생각과 마음은 이기적인 집착에서 벗어나

아트만을 아는 지혜 속에 안주한다.

그들은 모든 행위를 신께 드리는 제물로 여기기 때문에

무엇을 해도 그 행위의 영향을 받지 않는다[12]. (4.21-23)

행위를 제물로 바치는 행위 자체가

브라만의 행위이다.

바치는 제물도 브라만이다.

브라만이 브라만의 불길에 제물을 바치는 것이다.

의식의 깊은 차원[13]에서

모든 행위가 브라만의 행위임을 관조하는 사람은

브라만 상태에 존재하게 될 것이다. (4.24)

어떤 수행자들은

자신이 선택한 신에게 다양한 제물을 바치는 수행을 한다.

지고한 브라만의 불길에 제물을 바치는 사람도 있다.

또 어떤 사람은 감각의 즐거움을 포기함으로써

감각의 대상을 제물로 바친다.

또 어떤 수행자들은 감각기관을 억제하지 않고,

자신의 모든 느낌에 집중하는 수행을 제물로 바친다.

생명 에너지의 활동[14]인

숨의 들고 남에 집중하는 수행을 제물로 바치는 사람도 있다.

이들은 모두 지혜의 빛으로 깨우친,

자기를 제어하는 요가를 수행하는 것이다. (4.25-27)

재물을 제물로 바치는 사람도 있고,

고행을 제물로 바치는 사람도 있다.

굳은 서원을 세우고 배움과 경전 연구를

제물로 바치는 사람도 있고,

명상을 제물로[15] 바치는 사람도 있다.

어떤 사람은 들숨과 날숨을 조절하면서

생명의 기운을 제물로 바침으로써

생명의 기운을 통제하는 능력을 얻기도 한다.

어떤 사람들은 음식을 제한하고

생명의 기운에서 생명의 기운을 취하는[16] 수행을 한다.

이들은 모두 제사의 의미를 아는 사람들이다.

이들은 자신이 드리는 제사를 통해

모든 더러움을 씻고 맑게 정화된다. (4.28-30)

제물을 바치는 사람은

그 결과로 영혼의 양식을 얻고[17]

영원한 브라만에 도달한다.

아르주나여,

제사를 드리지 않는 사람들은

이 세상에서조차도 행복한 삶을 누리지 못한다[18].

늘 욕구 불만으로 가득 차서 짜증을 낸다.

하물며 어떻게 다음 세상에서 즐거움을 누릴 수 있겠는가? (4.31)

제사를 드리는 것은 행위이다.

이렇게 각자 자기 나름의 방법으로

제사를 드리는 행위를 통해 브라만에 이를 수 있다.

이것을 이해하면 그대는 자유로워질 것이다.

아르주나여,

지혜를 닦는 것[19]이

자기가 소유한 물질을 제물로 바치는 것보다 낫다.

지혜와 깨달음이 모든 행위의 목표이기 때문이다. (4.32-33)

진리를 깨친 스승에게 다가가

그의 발아래 그대를 맡기고,

겸손한 마음으로 삶의 진리를 물어라.

그러면 그가 진리의 길을 가르쳐 줄 것이다.

일단 진리를 깨달으면

그대는 더 이상 미혹되지 않을 것이다.

만물이 그대 안에[20)

그리고 '내' 안에 있다는 것을 알게 될 것이다. (4.34-35)

아르주나여,

그대가 죄인 가운데 죄인일지라도

지혜의 배를 타고 죄악의 바다를 건널 수 있다.

활활 타오르는 불길이 장작을 재로 만들듯이,

지혜의 불은

행위로 인해 쌓인 모든 카르마를 재로 만든다.

지혜의 불만큼 깨끗하게 정화하는 것이

이 세상에는 없다.

요가의 완성을 향해 나아가는 사람은 마침내

자기 내면에서 아트만을 아는 지혜를 발견할 것이다. (4.36-38)

지혜를 얻는 것을 최고의 목표로 삼고,

강한 믿음으로 감각기관을 훈련하는 사람은

머지않아 지혜를 얻고 완전한 평화로 들어간다.

그러나 지혜가 없고 믿음이 없는 사람,

자신의 아트만에 대해 의심이 많은 사람은 파멸에 이른다.

그들은 이 세상에서도 행복할 수 없고

저 세상에서도 행복할 수 없다.

그런 사람은 어디를 가도 결코 행복을 맛보지 못한다. (4.39-40)

요가를 통해 결과에 집착하는 행위를 포기한 사람,

지혜로 의심을 잘라 내고

아트만에 흔들리지 않고 안주하는 사람은

행위에 구속되지 않는다.

그러니 아르주나여,

그대의 아트만의 지혜의 칼로

그대의 마음속에 있는

무지에서 비롯된 의심을 잘라 내도록 하라.

요가로 무장하고 용감하게 일어나 나가 싸워라. (4.41-42)

제5장
행위의 포기와 자유

아르주나:

오, 크리슈나여,

당신은 세속적인 행위를 포기하고

지혜만 탐구하는 것도 좋고,

결과에 집착하지 않고 행위하는

카르마 요가도 좋다고 말씀하십니다.

이 둘 중에서 어느 것이 더 좋은 길인지

분명히 말씀해 주십시오. (5.1)

크리슈나:

세속적인 행위를 포기하고

출가 수행자가 되어 진리를 탐구하는 지혜의 길과

결과에 집착하지 않고 행위하는 카르마 요가는

둘 다 지고한 목표에 이르게 한다.

하지만 보통 사람들에게는

세속적인 행위를 포기하는 길보다는

결과를 기대하지 않는 행위의 길이 더 낫다. (5.2)

완전한 포기를 성취한 사람은

좋아하는 것도 없고 싫어하는 것도 없다.

그는 이원성의 분별에서 벗어나 있기 때문에

어떤 것에도 얽매이지 않는다. (5.3)

어리석은 사람은

지혜의 길과 행위의 길[1])이 다르다고 생각한다.

하지만 지혜로운 사람은

이 둘을 다르게 보지 않는다.

어느 길을 통해서든

올바른 수행을 통해 목표에 도달한 사람은

다른 길을 통해 도달하는 것과

똑같은 경지에 이르기 때문이다.

지혜의 길이 목표로 하는 것과

행위의 길이 목표로 하는 것이 같다.

그러므로 목표에 도달한 사람은

두 길이 결국 같은 길임을 안다. (5.4-5)

행위의 길을 따르는 수행을 하지 않고

완전한 포기를 성취하기는 대단히 어렵다.

요가로 훈련된 지혜로운 사람은

결과를 기대하지 않는 행위의 길을 통해
머지않아 브라만에 도달할 것이다. (5.6)

결과를 기대하지 않는 행위의 길을 따르는 사람은
감각과 욕망을 정복하여 자신을 깨끗하게 정화시킨다.
그는 모든 존재의 참나 아트만과 하나가 되며,
어떤 행위를 하든지
자신이 하는 행위로 인해 더렵혀지지 않는다. (5.7)

행위의 길인 카르마 요가를
꾸준히 수행하여 진리를 깨달은 사람은
무엇을 하든 자신을 행위자라고 생각하지 않는다.
보고, 듣고, 먹고, 마시고, 만지고, 냄새 맡고, 움직이면서도,
또 잠자고, 숨 쉬고, 눈을 떴다 감았다 하면서도
그렇게 하는 것은 자기가 아니라
감각기관이 대상을 만나
반응하는 것일 뿐이라고 생각한다. (5.8-9)

결과에 대한 집착을 포기하고
모든 행위를 브라만에게 드리는 제물로 여기는 사람은
연꽃잎이 물에 젖지 않는 것처럼
악에 더렵혀지지 않는다.
그들도 몸과 마음과 지성과 감각기관의 활동을 통해 행위를 한다.

하지만 그들은 이기적인 욕망을 이루기 위해서가 아니라
영혼의 정화를 위해서 행위한다. (5.10-11)

행위의 요가로 마음을 제어한 사람은
행위의 결과에 대한 집착을 포기하고
궁극의 평화를 얻는다.
하지만 마음이 제어되지 않은 사람은
행위의 결과에 집착함으로써
자기가 하는 행동에 얽매인다. (5.12)

행위의 결과에 대해 집착하지 않음으로써
'몸을 입은 자'는 '아홉 개의 문2)이 있는 성'
곧 육체 안에서 평안하게 거한다.
그는 욕망에 끌려다니는 종이 아니라
자기 뜻대로 육체를 움직이는 주인이다.
그는 육체를 움직이지만 자신을 행위자라고 여기지 않고
어떤 행위를 해야 한다는 중압감에 시달리지도 않는다. (5.13)

참나 아트만3)은 행위자가 아니다.
행위를 하도록 만드는 대상에 대한 충동이나,
행위나, 행위와 결과의 연결은
참나 아트만에서 비롯되는 것이 아니다.
행위하고자 하는 충동, 행위, 행위의 결과는

본성에 따라 저절로⁴⁾ 일어나는 것이다. (5.14)

무소부재하며 영원한 아트만은
어떤 사람의 선행이나 악행에도 영향을 받지 않으며
누구의 행위에도 참여하지 않는다.
그런데도 자기가 행위의 주체로서
선이나 악을 행하고
그 결과로 이런저런 일이 일어난다는 식으로 믿으며
미혹의 늪에서 헤매는 이유는
아트만을 아는 참지혜가
무지의 장막으로 덮여 있기 때문이다.
무지의 장막은 참나를 깨달을 때 사라진다.
태양처럼 빛나는 이 깨달음의 빛이 비치면
지고한 존재가 밝게 드러난다. (5.15-16)

지고한 존재에 몰입하여
모든 의식을 거기에 집중하며
흔들리지 않는 마음으로 그것만을 목표로 삼는 사람은
그 지혜로 모든 허물이 씻어진다.
그런 상태에 도달한 사람은
행위가 행위를 낳는 환생의 고리에서 벗어난다⁵⁾. (5.17)

지고한 존재 브라만에 머무는 사람은

만물을 하나로 본다.
그는 코끼리나 소나 개를 볼 때에도
또는 개를 잡는 천한 사람을 볼 때에도
겉모양이 아니라 그들 안에 있는 지고한 존재를 본다.
이런 상태에 도달한 사람은
행위가 행위를 낳는 환생에서 벗어난다.
그의 마음이 이미 모든 허물과 차별상에서 벗어나 있는
브라만 안에 안주하고 있기 때문이다. (5.18-19)

이런 사람은 모든 망상에서 벗어난다.
좋은 것을 얻어도 기뻐하지 않고
나쁜 일을 당해도 낙심하지 않는다.
마음이 참나인 브라만 안에
확고하게 뿌리를 내리고 있기 때문이다.
브라만에 안주하는 사람은
감각의 만족을 추구하지 않는다[6].
그는 아트만으로 존재하는 것을 기뻐하며,
의식을 브라만과 통합시키는 요가를 통해
불멸의 기쁨을 누린다. (5.20-21)

아르주나여,
외적인 대상과의 접촉에서 비롯되는 즐거움은
시작이 있으면 끝이 있기 마련이다.

그렇게 한계가 있는 즐거움을 추구하는 것이
모든 괴로움의 원천이다.
지혜로운 사람은 그런 즐거움을 추구하지 않는다. (5.22)

육체에서 해방되기 전,
아직 이 세상에 사는 동안에
욕망과 분노의 충동에서 자유로워진 사람이
진정으로 자기를 제어한 요가 수행자이다.
그는 어떤 일이 일어나든지
온전한 기쁨 속에서 산다.
이런 요가 수행자는 자기 내면에서
즐거움과 평안한 쉼과 깨달음의 빛을 발견하며,
브라만과 하나되어
브라만 안에서 영원한 평화에 이른다[7]. (5.23-24)

이원성의 분별[8]을 완전히 제거하여
자신에게 죄와 허물이 없다는 것을 깨달은 사람,
마음을 제어하여 참나에 안주하며
모든 존재의 행복을 기뻐하는 지혜로운 사람은
브라만 안에서 영원한 평화에 이른다. (5.25)

생각과 마음을 엄격하게 제어하여
욕망과 분노에서 해방된 사람,

그리하여 참나 아트만을 아는 사람에게는
브라만의 영원한 평화가 멀지 않다. (5.26)

지혜로운 사람은
아무것에도 걸리거나 속박되지 않는 자유로움,
곧 해탈을 유일한 목표로 삼는다.
그들은 외계와의 접촉을 끊고,
들고 나는 숨을 고르게 하며,
두 눈썹 사이에 있는 영적인 의식 센터에 집중하는 명상을 통해
감각과 마음과 지성의 활동을 제어한다.
그들의 목표는 욕망과 두려움과 분노에서 해방되어
영원한 자유[9]에 이르는 것이다. (5.27-28)

내가[10] 우주의 주 이슈바라이며,
수행자들이 바치는 여러 가지 제물을 받는 자이며,
모든 존재의 친구인 줄 아는 사람은
영원한 평화를 얻는다. (5.29)

제6장
명상의 길

크리슈나:

제단에 날마다 불을 피우고 제물을 바치는 것[1]같이

늘 해야 할 일을 성실히 하면서,

행위의 결과에 관심을 두지 않고

해야 할 행동을 하는 사람이 진정한 포기자이다.

그런 사람이 진정한 요가 수행자이다.

아르주나여,

이기적인 욕망이 없이 행위하는 것이

포기이고 그것이 곧 요가이다.

행위의 결과에 대한 집착을 떨쳐 버리지 못하는 사람은

요가의 길을 가지 못한다. (6.1-2)

결과에 집착하지 않고 행위하는 카르마 요가는

지고한 경지에 도달하고자 하는[2] 수행자가 가야 할 길이다.

요가의 지극한 경지에 도달하기 위해서는

마음의 고요함을 지켜야 한다. (6.3)

감각의 즐거움에 대한 욕망을 포기하고,
행위의 결과에 집착하지 않는 사람은
우주적인 의식과 통합되는
진정한 요가의 경지에 오른다. (6.4)

마음이 그대의 유일한 친구이자 적이다.
마음먹기에 따라
그대가 곧 참나 아트만임을 깨달을 수도 있고
죄와 허물이 많은 존재로 깎아내릴 수도 있기 때문이다.
마음으로 에고 의식을 정복한 사람3)에게는
마음이 자신의 친구이나,
에고 의식을 정복하지 못한 사람에게는
그를 괴롭히는 적이다. (6.5-6)

에고 의식을 정복한 사람은
지극한 평화 속에서 산다.
춥거나 덥거나, 즐겁거나 고통스럽거나,
남이 칭찬을 하거나 욕을 하거나
마음의 평정을 잃지 않는다. (6.7)

감각기관을 정복하고
이원성을 극복한 진정한 식별력4)과
흔들리지 않는 지혜를 얻은 요가 수행자는

추위와 더위, 돌과 황금을 모두 같은 것으로 여긴다.
가족이나 친구나 적을,
친절한 사람이나 해치려는 사람이나,
선한 사람이나 악한 사람을 구별하지 않고
모두를 똑같이 여긴다. (6.8-9)

요가의 지고한 경지에 이르고자 하는 수행자는
의식을 지고한 자아 아트만에
지속적으로 집중하는 수행을 해야 한다.
물질적인 소유에 대한 욕망과 집착을 버리고
고요함 속에 홀로 머물면서
생각과 마음을 제어해야 한다. (6.10)

아르주나여,
깨끗한 장소를 골라
너무 높지도 너무 낮지도 않게 자리를 마련하고
깨끗한 풀 위에 헝겊이나 사슴 가죽을 깔고
흔들리지 않는 자세로 앉도록 하라.
자리에 앉으면 먼저 마음을 고요히 하고,
생각과 감각기관의 활동을 제어하면서
마음을 하나의 대상에 집중하도록 하라.
그렇게 마음을 정화하는 요가를 수행하도록 하라. (6.11-12)

머리와 목과 몸통을 일직선이 되도록 꼿꼿하게 세우고,

흔들림이 없는 자세로 앉아서

시선을 코끝에 고정시켜라.

시선이 다른 곳으로 왔다 갔다 하면 안 된다.

고요한 상태에서 두려움을 떨어 버리고

성적인 욕망을 단호하게 제어하도록 하라[5].

마음을 제어하여 오직 나에게만 집중하도록 하라.

그렇게 나에게 집중한 상태로 앉아 있으라.

이 수행을 지속적으로 하는 사람은

마음과 감각기관의 활동을 정복하고

내면의 참나인 나와 하나로 합일되어

열반(涅槃), 곧 완전한 평화 속에 거하게 된다. (6.13-15)

아르주나여,

명상을 지속적으로 하려면

지나치게 많이 먹거나 지나치게 적게 먹어도 안 되고,

또 지나치게 많이 자거나 지나치게 많이 깨어 있어도 안 된다.

슬픔과 고통의 바다를 건너기 위해서는

먹는 것과 자는 것을 알맞게 하고,

적당히 일하고 적당히 쉬면서 수행을 계속해야 한다.

이런 수행을 통해서 모든 갈망과 욕망에서 해방된 사람은

아트만에만 머무는 요가의 궁극적인 경지에 도달한다. (6.16-18)

생각과 마음을 제어하여
참나 아트만에만 집중하는 요가를 수행하는 사람은
바람 없는 곳에 놓인 등불이 흔들리지 않듯이
마음이 흔들리지 않는다. (6.19)

아트만에 집중하는 수행을 통해
생각의 흐름이 멈추고 쉬게 되면
아트만은 스스로 모습을 드러낸다.
그러면 수행자는 아트만의 눈으로 아트만을 보면서
그 안에서 지극한 평화와 한없는 만족감을 누린다.
그는 초월적 지성으로
감각으로는 맛볼 수 없는 초월적 기쁨을 인지하며,
그 영원한 진리에서 조금도 벗어나지 않는다.
이런 상태에 도달한 사람은
다른 것은 아무것도 바라지 않으며,
어떤 슬픔도 그를 흔들지 못한다. (6.20-22)

고통과의 결합을 해체하여
모든 고통에서 풀려나게 하는 것,
이것을 요가라고 한다.
그대는 굳은 결단과 열정을 가지고
이 길을 따르도록 하라.
진전이 더디다고 낙담하지 마라.

이기적인 욕망에서 비롯된
행위의 결과에 대한 기대를 남김없이 내버리고,
그대의 의지력을 총동원하여
감각기관과 마음을 제어하도록 하라.
인내심을 가지고 이 수행을 계속해 나가면
마음은 서서히 참나 아트만 속으로 가라앉아
흔들리지 않게 된다[6]. (6.23-25)

마음이 이리저리 방황할 때마다
다시 내면으로 끌어들여
아트만에 집중하도록 제어해야 한다.
마음을 아트만 안에 고요히 가라앉힌 수행자,
욕망을 잠재운 수행자,
그리하여 죄나 허물로부터 자유로워진 수행자는
브라만과 하나된 상태에서
충만한 내면의 기쁨을 누린다. (6.26-27)

마음을 아트만에 통합시키는 꾸준한 수행을 통해
모든 죄악에서 벗어난 수행자는
어렵지 않게 브라만과의 합일에 이르러[7]
무한한 기쁨을 얻는다.
그들은 모든 것 속에서 아트만을 보며,
모든 존재가 아트만 안에 있음을 본다.

요가 수행을 통해 참나 아트만과 하나된 사람은
모든 존재가 동일한 아트만임을 본다[8]. (6.28-29)

어디에서나 '나'를 보며
내 안에서 모든 존재를 보는 사람은
나에게서 분리되지 않으며
나도 그에게서 분리되지 않는다.
나와 이런 '하나임' 상태에 이른 수행자는
모든 존재 속에 머물고 있는 '나'를 존귀하게 여긴다.
그는 어떤 행위를 하더라도
언제 어디서나 늘 내 안에 머문다. (6.30-31)

아르주나여,
모든 존재를 자기와 하나로 보고,
그들의 기쁨과 슬픔을
자신의 기쁨이나 슬픔처럼 여기는 사람은
가장 높은 단계의 요가를 성취한 사람이다. (6.32)

아르주나:
오! 크리슈나여,
제 머리로는 당신이 말씀하시는
요가의 경지를 이해하지 못하겠습니다.
잠시도 쉬지 않고 움직이는 마음이 어떻게

영원히 흔들리지 않는 경지에 도달할 수 있다는 말씀입니까?
크리슈나여,
마음은 쉬지 않고 이리저리 날뛰며
거세고 완고합니다.
이런 마음을 제어하려는 것은
마치 바람을 붙잡아 놓으려는 것처럼
어려운 일처럼 보입니다. (6.33-34)

크리슈나:
그렇다.
마음을 제어하기는 어렵다.
하지만 아르주나여,
그것은 가능하다.
규칙적이고 지속적으로,
외적인 대상에 초연해지는 수행을 함으로써
마음을 제어할 수 있다.
에고의 의지를 제어하지 못하는 사람에게는
요가의 길이 어려울 것이다.
하지만 에고의 의지를 제어하고
올바른 방법으로 꾸준히 수행하는 사람은
지고한 신성과 합일하는 요가의 경지에 도달할 것이다. (6.35-36)

아르주나:

크리슈나여,

믿음은 있으나 자기를 제어할 의지가 부족하여

수행의 길에서 이탈하여[9]

요가의 완성에 이르지 못한 사람은 어떻게 됩니까?

브라만에 이르는 구도의 길[10]에서 방황하면

이생에서의 즐거움도 잃고

내생에서의 복락도 얻지 못한 채

조각난 구름처럼 그냥 흩어져 버리는 것이 아닙니까?

크리슈나여,

저의 이 의심을 속 시원하게 풀어 주십시오.

이 의심을 풀어 줄 수 있는 사람은 당신밖에 없습니다. (6.37-39)

크리슈나:

아르주나여[11],

그런 사람[12]은 이생에서나 내생에서나 파멸하지 않는다.

좋은 일을 한 사람은

아무도 불행한 결말에 도달하지 않는다. (6.40)

요가 수행을 하다가 도중에 이탈한 사람은

죽은 다음에 공덕을 쌓은 사람들의 세계로 가서

오랜 세월을 거기서 지낸다.

그런 다음 때가 되면

화목하고 사람들의 칭송을 받는 가정에 다시 태어난다.

또는 매우 드문 일이긴 하지만
지혜로운 수행자 가문에 태어날 수도 있다.
태어난 다음에는
전생에 도달했던 의식 수준이 일깨워지고,
거기서부터 다시 완전을 향해 나가게 된다.
그는 전생에 닦았던 수행의 힘에 의해
그러고 싶지 않아도 어쩔 수 없이 요가의 길을 가게 된다.
요가가 무엇인지 단순히 알아보려고만 할지라도
수행은 하지 않고 베다 경전만 암송하는 사람[13]보다
훨씬 더 앞으로 나간다. (6.41-44)

요가 수행의 길에 들어선 사람은
도중에 이탈하더라도,
여러 생을 거치면서 끊임없이 노력함으로써
모든 죄악과 허물을 완전히 씻어 내고
마침내 지고한 목표에 도달하게 된다. (6.45)

요가 수행자는
금욕주의자나 경전에 통달한 학자나
열심히 제사를 드리는 사람보다 위대하다.
그러므로 아르주나여,
요가를 수행하여 궁극적인 합일에 이르도록 하라.
아르주나여,

나는 요가 수행자 중에서도

완전한 신뢰심으로 나를 존중하고

나에게 완전히 몰입하는 사람[14]을

'나'에게 헌신하는 최고의 수행자라고 본다. (6.46-47)

제7장
현상 세계와 궁극적인 실재

크리슈나:

아르주나여,

마음을 나에게 몰입하고

나만 의지하면서 요가를 수행하도록 하라.

그러면 털끝만 한 의심도 없이

나를 온전히 알게 될 것이다. (7.1)

내 이제 참나 아트만을 아는 지혜[1]와

아트만을 체험적으로 경험하는 깨달음[2]에 대해

그대에게 말해 주리라.

이것을 알면

이 세상에서 더 이상 알아야 할 것이 없다. (7.2)

수천 명 중에서 한 명 정도가

영혼의 완성을 위해 노력한다.

하지만 그들 중에서도 완성에 도달하여

나를 아는 데까지 도달하는 사람은 매우 드물다. (7.3)

흙, 물, 불, 바람, 에테르[3], 마음, 지성, 에고 의식[4]

이 여덟 가지는 모두

물질 차원에 나타난 나의 본성적인 에너지[5]이다.

하지만 나의 이 낮은 차원의 본성 뒤에는

눈에 보이지 않는 더 높은 차원의 내적인 본성이 있으며,

그것이 이 우주와 만물을 지탱하는 생명의 힘이다. (7.4-5)

나의 내적인 본성이 만물이 태어나는 자궁이다.

내 안에서 우주가 탄생하고 소멸한다.

아르주나여,

나보다 더 위는 없다[6].

온 우주가

실에 꿰어 있는 구슬처럼

나와 연결되어 있다. (7.6-7)

아르주나여,

나는 물의 유동성이며, 태양의 빛이며, 달의 빛이다.

나는 모든 베다 경전이 말하고 있는 성스러운 소리 '옴'이며,

공간 속에 울리는 소리이며,

사람 속에 있는 인간성이다.

나는 달콤한 대지의 향기이며, 태양의 광휘이다.

나는 모든 존재의 생명이며, 영적인 구도자의 열정[7]이다. (7.8-9)

아르주나여,

나는 모든 존재의 씨이다[8].

나는 분별력 있는 사람의 분별력이고,

뛰어난 사람의 뛰어남이며, 힘 있는 사람의 힘이다.

나에게는 욕망이나 집착[9]이 없지만,

모든 존재가 지니고 있는

본능적인 욕망[10]도

존재의 법칙에 따라 나타나는 나의 힘이다. (7.10-11)

물질 차원의 세 기운인

밝고 가벼운 기운인 사트바 구나,

열정적이고 활동적인 기운인 라자스 구나,

어둡고 무거운 기운인 타마스 구나도

나에게서 비롯된 것이다.

하지만 내가 그들 속에 있는 것이 아니라

그들이 나에게서 나온 것이다. (7.12)

이 세 가지 기운의 상호 연관으로

이 세상의 온갖 현상이 벌어진다.

사람들은 현상에 미혹되어

그들 위에 있는 영원한 존재인 나를 보지 못한다.

이 세상은 세 가지 기운이 만들어 내는 가상 현실이다[11].

이 세상이 내가 만들어 낸 세 기운의 상호 작용으로 나타나는

가상 현실이라는 것을 알아차리기는 대단히 어렵다.

하지만 나에게 귀의하는 사람은

이 가상 현실의 바다를 무사히 건널 수 있다.

나에게 귀의하지 않는 사람은

가상 현실에 현혹되어 악한 일만 행한다.

나에게는 조금도 관심을 두지 않고,

낮은 차원의 본능적인 충동만을 따르며

마치 귀신에게 사로잡힌 것 같은 삶을 산다. (7.13-15)

아르주나여,

네 종류의 사람들이 나에게 귀의하여 헌신한다.

영적인 힘을 되찾고 싶어서 헌신하는 사람도 있고,

삶과 세상을 이해하고 싶어서 헌신하는 사람도 있으며,

최상의 진리를 깨우치기 위해서 헌신하는 사람도 있고,

참다운 지혜가 있기 때문에 헌신하는 사람도 있다. (7.16)

이 중에서 참다운 지혜가 있어서

흔들리지 않는 마음으로

오로지 나에게만 헌신하는 사람이 가장 뛰어나다.

나는 그들을 사랑하며

그들 또한 나를 지극한 마음으로 사랑한다. (7.17)

어떤 이유에서라도

나를 찾는 사람은 고귀한 영혼이다.

하지만 그 중에서 참된 지혜가 있는 사람이 가장 복되다.

나는 그들을 진정한 나의 아트만으로 여긴다.

그들은 나와 하나되는 것[12]을 인생의 궁극적인 목표로 삼는다.

이런 사람은 여러 생을 거치면서 나를 찾다가

마침내 모든 것 속에서 나를 발견한다.

하지만 이런 위대한 영혼은 아주 드물다. (7.18-19)

참다운 지혜가 없는 사람들은

육체적인 본성에 따라 일어나는 욕망을 좇아서

여러 다른 신들을 섬기며

이런저런 종교적인 행위에 의지한다. (7.20)

나는 어떤 사람이

어떤 신을 믿고 섬기기로 작정하면

그의 믿음이 흔들리지 않도록 도와준다.

나는 흔들리지 않는 믿음으로

자기가 선택한 신을 섬기는 사람에게는

그들이 원하는 것을 얻도록 해 준다.

그들의 소원 역시 내가 불러일으킨 것이기 때문이다.

하지만 그들이 얻는 것은 유한하고 일시적이다.

어쨌든 사람들은 각자 자기가 섬기는 신들에게 간다.

하지만 참다운 지혜가 있는 사람은[13] 나에게 온다. (7.21-23)

어떤 형상을 만들어 놓고
그것을 나라고 여기며 섬기는 것은
무지하기 때문이다.
그들은 나의 진정한 모습이
눈에 보이지 않으며 영원히 없어지지 않는다는 것을 모른다.
나의 창조력[14]이 빚어낸 가상 현실에 지나지 않는
외적인 현상에 미혹되어 있는 동안에는
내가 태어나지도 않고 죽지도 않으며
영원히 변하지도 않는 존재라는 것을 깨닫지 못한다.
아르주나여,
나는 과거와 현재와 미래의 모든 것을[15] 알고 있다.
그러나 참으로 나를 온전히 아는 사람은 없다. (7.24-26)

아르주나여,
이 세상에 있는 모든 존재는
좋고 싫음, 옳고 그름을 분별하는 이원성에 사로잡혀서
미혹되어 가상 현실 세계에 거듭 태어난다.
그러나 좋고 싫음을 구별하는 이원성의 미망에서 벗어나서
모든 악을 제거하고 순수하게 행위하는 사람은
흔들리지 않는 서원으로 나를 섬긴다. (7.27-28)

윤회의 수레바퀴[16]에서 벗어나기 위해서

나에게 귀의하는 사람은

브라만과 아트만과 카르마가 무엇인지 깨닫는다.

내가 모든 제사의 주(主)[17]이고

내가 물질 현상을 만들어 내며[18]

이 세계가 돌아가게 하는 정신적인 원리[19]임을 아는 사람은

죽는 순간에도 나를 생각하는 마음이 흔들리지 않고

내가 어떤 존재인지를 안다. (7.29-30)

제8장
우주의 전개 과정과 죽음

아르주나:

오, 위대한 영혼 크리슈나여,

브라만이 무엇입니까?

지고한 아트만은 무엇이며,

카르마는 무엇입니까?

물질세계는 어떻게 나타난 것이며,

물질세계를 나타나게 한 정신적인 원리는 무엇입니까? (8.1)

모든 제사의 주(主)인 브라만이

어떤 방식으로 육체 속에 머물고 있는 것입니까?

그리고 죽음의 순간에도 당신을 기억하고

당신과 하나되어 당신의 상태에 머물기 위해서는

어떻게 해야 합니까? (8.2)

크리슈나:

영원히 사라지지 않는

나의 지고한 본성을 브라만이라고 한다.

만물 속에 깃들어 있는 나의 본질을

지고한 아트만이라고 한다.

개체 속에 깃들어 있는,

만물을 생성해 내는 나의 창조적인 힘의 활동을

카르마라고 한다.

개체들의 카르마가 만들어 내는

물질 현상은 일시적이며 늘 변한다.

하지만 그 변화의 배후에는

영원한 정신적인 원리인 푸루샤가 원인으로 작용하고 있다.

내가 그대의 육체 속에 머물면서

제사를 드리는 자이며 제사를 받는 주(主)이다. **(8.3-4)**

죽는 순간에 나만 생각하는 사람은

나의 존재 상태에 이르게 될 것이다.

죽음의 순간에 마음을 지배하고 있는 생각이

그의 다음 생을 결정한다.

죽은 사람은

마지막에 품고 있던 생각에 상응하는

존재의 상태에 이르기 때문이다.

그러므로 언제나 나를 생각하며

힘을 다해 마음과 생각을 나에게 기울이면

반드시 나의 상태에 이를 것이다.

요가 수행을 통해 얻은 흔들리지 않는 마음으로
지고한 영혼[1]만을 생각하도록 하라.
그러면 지고한 그의 차원에 도달하게 될 것이다. (8.5-8)

브라만은 가장 오래된 자, 곧 '최초의 원인'이다.
브라만은 온 우주를 지배하는 '통치자'이다.
브라만은 가장 작은 먼지보다 더 '작은 자'이다.
브라만은 그 모습을 상상으로도 그려 볼 수 없으나
그가 이 세상을 유지하는 '유지자'이다.
브라만은 어둠을 넘어선 '태양처럼 밝은 자'이다.
이런 브라만에 흔들리지 않고 생각을 집중하는 사람은
죽음의 순간이 오면,
평소 닦은 요가와 헌신의 힘에 의해
생명 에너지[2]를 두 눈썹 사이에 집중시킴으로써
지고한 신적인 정신[3]에 이른다. (8.9-10)

베다 경전에 통달한 현자들이 불멸의 경지라고 말하는 상태,
욕망에서 자유로워진 사람만이 들어갈 수 있는 경지,
신에게 자신의 온 삶을 바친 수행자들[4]이 찾고 있는 그 경지를
이제 그대에게 간략히 말해 주리라. (8.11)

죽음의 순간에 다다르면 이렇게 하라.
감각의 문[5]을 모두 닫고 마음을 가슴 안으로 모아라.

그리고 생명의 기운 프라나를 정수리로 끌어올리고
흔들리지 말고 그 집중 상태를 유지하라.
그리고 나만을 생각하며
브라만의 상징인 성스러운 음절
'옴'을 반복해서 읊어라.
그러면 육체에서 벗어난 다음 지고한 경지에 도달할 것이다.
(8.12-13)

아르주나여,
언제 어디서나 나만 생각하며
마음이 다른 곳으로 흩어지지 않는 수행자는
어렵지 않게 나의 상태에 도달한다.
나의 상태에 도달하여 지고한 완성에 이른 위대한 영혼은
고통으로 가득 찬,
덧없는 이 세상에 다시 태어나지 않는다. (8.14-15)

아르주나여,
위로 신들의 세계에 사는 존재들을 포함하여
아래로 이 세상의 모든 존재들은
삶과 죽음을 반복하고 있다.
그러나 나와 하나가 되면
고통의 연속인 삶과 죽음의 반복에서 벗어난다. (8.16)

지구의 시간으로는 수십억 년[6]이

브라마의 세계에서는 하루 밤낮에 지나지 않는다.

브라마의 아침이 밝으면

뭇 존재들이 무형(無形)의 세계에서 나와

현상 세계에서 활동을 시작한다.

그러다가 브라마의 밤이 오면

모든 존재들이 다시 무형의 세계로 돌아간다.

이렇게 브라마의 낮과 밤에 따라

존재들의 생성과 소멸이 무한히 반복된다. (8.17-19)

그러나 생성과 소멸을 초월한

더 높은 또 다른 무형의 차원이 있다.

이 근원적인 무형의 세계는

모든 존재가 소멸되어도 소멸되지 않는다.

이 차원이 곧 나의 세계이다.

삶의 지고한 목표인 이 차원에 도달한 사람은

생성과 소멸이 반복되는 세계로[7]

다시는 되돌아가지 않는다. (8.20-21)

진정한 헌신이 있으면

모든 존재의 토대이자 만물 속에 두루 깃들어 있는

이 지고한 영혼의 세계[8]에 이를 수 있다. (8.22)

아르주나여,
죽음의 과정을 거치면서
수행자가 갈 수 있는 두 가지 길이 있다.
하나는 다시 태어나는 길이고
다른 하나는 영원한 자유로 가는 길이다.
이제 그 두 길에 대해 말해 주겠다. (8.23)

불, 밝음, 낮, 달이 차올라 밝아지고 있을 때,
태양이 낮이 긴 여섯 달을 지나고 있을 때[9] 죽으면
브라만을 아는 자들은 지고한 세계에 도달한다.
하지만 연기, 어두움, 밤, 달이 기울어 어두워지고 있을 때,
태양이 밤이 긴 여섯 달을 지나고 있을 때[10] 죽으면
달빛이 비치는 길을 따라 이 세상에 다시 태어난다. (8.24-25)

언제나 존재하고 있는 빛과 어둠의 두 길을 따라
어떤 영혼은 영원한 자유에 이르고
어떤 영혼은 이 세상에 다시 태어난다.
이 두 길을 아는 요가 수행자는 미혹되지 않는다.
그러므로 아르주나여,
굳건한 요가 수행을 통해 흔들리지 않도록 하라. (8.26-27)

베다 경전이 가르치는 대로 행하는 순수한 행위,
제사를 드리고,

고행을 하고,

대가를 바라지 않고 베푸는

모든 행위가 헛된 것은 없다.

하지만 진정한 요가 수행자는

그 모든 것을 넘어

지고한 근원에 이를 것이다. (8.28)

제9장
헌신의 비밀

크리슈나:

그대는 나를 신뢰하기 때문에

이제 내가 가장 깊은 비밀을 알려 주고자 한다.

내가 알려 주는 비밀을 지혜로 이해하고

흔들리지 않는 깨달음에 이른다면

그대는 모든 고통과 슬픔에서[1] 벗어나리라. (9.1)

이 비밀스러운 지혜는

모든 지혜의 왕이며 최고의 정화 도구다.

이 영원한 지혜는 누구나 쉽게 이해할 수 있고,

실천하는 것도 어렵지 않다.

하지만 아르주나여,

이 법칙[2]에 대한 믿음이 없는 사람들은

나의 상태에 이르지 못하고,

태어남과 죽음이 반복되는 윤회의 길로 되돌아온다. (9.2-3)

나는 눈에 보이지 않는 형태로 존재한다.

온 우주 만물은 그런 나에게서 나왔다.

모든 존재가 내 안에 있다.

하지만 나는 그들에 의해 제한받지 않는다[3].

만물을 생성하고 유지하지만

그들에게 종속되지 않는

나의 이 장엄한 능력을 깨닫도록 하라.

바람이 이리저리 불지만 언제나 허공에 있는 것처럼,

모든 존재가 내 안에서 움직이고 있다.

이 점을 숙고하도록 하라. (9.4-6)

우주적인 한 주기[4]가 끝나면

모든 존재는 나의 물질적인 본성[5] 안으로 흡수되어 사라진다.

그 후 또 다른 주기가 시작되면

나는 그들을 다시 현상 세계로 내보낸다.

나의 물질적인 본성의 법칙에 따라

만물의 생성과 소멸이 계속되고,

나의 물질적인 본성의 법칙이 그것들을 지배한다.

하지만 아르주나여,

나는 생성과 소멸에[6] 종속되어 있지 않다.

그것들은 나에게 영향을 미치지 못한다.

나는 생성과 소멸을 주관하는

나의 물질적인 본성의 행위에 집착하지 않고,

영원히 초연한 상태에 머물러 있다. (9.7-9)

아르주나여,
나는 나의 물질적인 본성이 활동하여
살아 움직이는 것과
움직이지 않는 것을 산출해 내는 것을
집착 없이 바라보는 목격자이다.
세상은 이렇게,
나의 물질적인 본성의 행위와
그것이 산출해 내는 것을 초연하게 바라보고 있는
나로 인하여 돌아가고 있다. (9.10)

어리석은 사람들은 내가 이 세상에 왔을 때
나의 외적인 모습 배후에 있는 나의 진정한 모습,
곧 만물의 주(主)인 나의 모습을 보지 못한다.
보이는 현상에 미혹된 사람들의 지식은 공허하다.
그들은 본성의 두 상태 중에서 악마적인 상태[7]에 머물면서
헛된 것을 추구하며 헛된 행위를 한다. (9.11-12)

그러나 진실로 위대한 영혼은
내가 만물의 영원한 근원이라는 사실을 깨닫고
본성의 신성한 상태에 머물면서 한마음으로 나를 섬긴다.
굳은 의지로 서원을 지키려고 늘 애쓰면서

흔들림 없이 나를 섬긴다.
그들은 나를 찬양하면서 자신을 완전히 나에게 바친다. (9.13-14)

지혜의 길[8]을 통해 나에게 오는 사람도 있다.
그들은 내가 '유일자'이자 '다양한 현상'이라는 것을 알고
모든 것 속에 현존하고 있는 나를 섬긴다. (9.15)

나는 제사의 의식이자 목적이다.
나는 제사에 바치는 제물이다.
나는 조상에게 바치는 제사 음식이다.
나는 제사에 사용되는 약초이다.
나는 제사드릴 때 음송하는 주문이다.
나는 제단에 바치는 버터이며,
그것을 태우는 불이다.
나는 제단에 붓는 술이다. (9.16)

나는 이 세상 전체를 유지하는 자이다.
나는 이 세상의 아버지이고 어머니이며 할아버지이다.
나는 모든 앎의 궁극적인 목표이다.
나는 정화하는 자이며 성스러운 음절 '옴'이다.
나는 성스러운 경전,
'리그 베다', '사마 베다', '야주르 베다'이다. (9.17)

나는 삶의 목표이다.

나는 만물의 부양자이며 그들의 위대한 주(主)이다.

나는 내면에서 지켜보는 자이다.

나는 만물의 거주처이며 피난처이다.

나는 만물의 참된 친구이다.

나는 만물의 시작과 중간과 끝[9]이다.

나는 만물이 태어나는 자궁[10]이며,

만물의 영원한 씨앗이다.

내가 태양의 열이며,

가뭄을 부르고 비를 내리게 하는 자이다.

아르주나여,

나는 불멸이고 죽음이다.

존재하는 것과 존재하지 않는 것이 모두 나이다. (9.18-19)

경전의 가르침을 따르며[11]

제사를 드리고 제주(祭酒)를 마시며 나를 섬기는 사람들은

죄악을 씻고 신들의 세계[12]에 태어난다.

그들은 거기에서 천상의 기쁨을 누린다.

그러나 그들이 쌓은 공덕이 다하여 천상의 기쁨이 끝나면

이 세상에 다시 태어난다.

자기가 원하는 것을 얻으려는 마음으로

경전의 가르침을 준수하는 것만으로는

생사윤회를 벗어나지 못한다[13]. (9.20-21)

나는 오로지 한 생각으로 나만 섬기고,

나를 생각하는 마음이 흩어지지 않는 사람,

믿음과 헌신이 굳건한 그런 사람에게

필요한 모든 것을 채워 줄 것이다. (9.22)

아르주나여,

믿음을 가지고 다른 신을 섬기는 사람들도

간접적이기는 하지만[14] 결국은 나를 섬기는 것이다.

내가 모든 제사를 받는 주(主)이기 때문이다.

하지만 그들은 나를 제대로 알지 못하기 때문에

다시 태어날 수밖에 없다[15].

신들을 섬기는 사람은 신들의 세계로 갈 것이다.

조상을 섬기는 사람은 조상들이 있는 세계로 갈 것이고,

영들을 섬기는 사람은 영들의 세계로 갈 것이다.

하지만 나를 섬기는 사람은 확실히 나에게 올 것이다. (9.23-25)

나뭇잎 한 장,

꽃 한 송이,

과일 한 조각,

물 한 그릇을 나에게 바치더라도

헌신의 심정으로 가슴을 다하여 바치면

나는 순수한 영혼의 그 제물을 기쁘게 받을 것이다. (9.26)

그러므로 아르주나여,

그대의 모든 행위가

나에게 바치는 제물이 되도록 하라.

무엇을 하든지,

무엇을 먹든지,

무엇을 바치든지,

무엇을 베풀든지,

또는 무슨 수행을 하든지,

그대의 모든 행위를

나에게 바치는 제물이라고 생각하고 하라.

그러면 그대는 행위가 행위를 낳는

행위의 속박에서 벗어나리라.

선과 악이 꼬리에 꼬리를 무는

인과의 업보에서 벗어나리라.

행위의 결과에 집착하지 않는 완전한 포기를 통해[16]

완전한 자유를 얻고 나에게 오게 되리라. (9.27-28)

모든 존재 속에 동일한 내가 있다[17].

그러므로 나는 누구를 미워하지도 않고 누구를 사랑하지도 않는다.

하지만 나에게 헌신하는 사람은 내 안에 거할 것이며,

나도 그들 안에 거할 것이다. (9.29)

악행을 저지른 사람이라도

흔들리지 않는 마음으로 나에게 헌신하면
모든 죄악에서 풀려나 의로운 사람이 될 것이다.
나에게 오는 사람은 진리에 따르는 삶을 살면서
한없는 평화를 누리게 될 것이다.
아르주나여,
이 점을 잊지 마라.
나에게 헌신하는 사람은
결코 불행한 상태에 빠지지 않는다[18]. (9.30-31)

아르주나여,
어떤 환경과 어떤 처지에
어떤 신분으로 태어났더라도
나에게 귀의하는 사람은
이생에서 가장 높은 목표에 이를 것이다.
바이샤나 심지어 수드라처럼
비천한 신분으로 태어난 사람일지라도
이 목표에 도달할 수 있다.
하물며 덕이 있는 왕족과 경건한 현자[19]들이야 말해 무엇 하겠는가.
덧없고 불행으로 가득 찬 이 세상에서
나를 귀의처로 삼고 나에게 헌신해라. (9.32-33)

아르주나여,
온 마음으로 나에게 집중하고 헌신하라.

공경하는 마음으로 나를 섬겨라.

나를 지고한 목표로 삼은 마음이 흔들리지 않도록 하라.

그러면 그대는 나에게 오게 되리라. (9.34)

제10장
신성의 현현

크리슈나:

아르주나여,

나의 지고한 가르침에

다시 한 번 귀를 기울이도록 하라.

강한 팔을 지닌 전사여,

사랑하는 그대의 행복을 위하여

내 더 많은 것을 말해 주리라. (10.1)

신들과 현자들도 나의 기원을 알지 못한다.

왜냐하면 내가 그들의 기원이기 때문이다.

나를 태어나지도 않고 시작도 없는 자,

세계의 대주재자로 아는 사람은

미혹에서 벗어나 모든 악에서 해방된다. (10.2-3)

초월적 지성, 지혜, 진실을 알아차림,

유순함, 진실, 절제,

평온함, 즐거움, 괴로움,

태어남, 죽음, 두려움, 용기,

명예, 불명예, 비폭력, 자비, 공평함,

자족함, 영적인 수행 등

존재들의 다양한 이런 특성들은 모두

오직 나에게서 나오는 것이다. (10.4-5)

일곱 명의 현자[1]와 인류의 조상들[2]도

내 마음에서 태어났다.

그리고 그들로부터

이 세상 모든 사람이 생명을 받아 태어났다.

다양한 모습으로 나타나는 나의 능력과 신비를 아는 사람은

털끝만큼도 의심하지 않고,

나에게 온전히 헌신하여[3] 나와 하나가 될 것이다. (10.6-7)

나는 만물의 근원이다.

모든 것이 나에게서 나온다.

이 사실을 깊은 의식 차원에서 깨달은 사람은

사랑과 헌신으로 나를 섬길 것이다.

그들은 생각을 나에게만 몰두하고,

온 힘을[4] 나에게 쏟을 것이다.

그들은 내가 만물의 근원이라는 사실을 가르치고,

내가 어떤 존재인지 이야기하며,

늘 만족하며 즐겁게 살아갈 것이다. (10.8-9)

나는 나를 사랑하는 마음으로
흔들리지 않고 헌신하는 사람에게
합일에 이르는 지혜5)를 줄 것이다.
그러면 그들은 그 지혜를 통해 나에게 올 것이다.
나는 그들을 사랑하고 불쌍히 여긴다.
그래서 나는 그들의 존재의 중심에 머물면서
그들에게 지혜의 빛을 줄 것이다.
내가 주는 지혜의 빛으로
그들의 무지의 어둠은 부서질 것이다. (10.10-11)

아르주나:
당신은 지고한 브라만이요 궁극적인 거주처입니다.
당신은 무지를 멸하는 영원한 신적인 정신6)입니다.
당신은 신들의 머리가 되는 분이며,
태어나지 않은 분이고 태초부터 존재한 신입니다.
당신은 모든 곳에 현존하고 있습니다.
모든 현자들이 당신을 그런 분이라고 말합니다.
나라다, 아시타, 데발라, 브야사 같은 성인들도 그렇게 말했습니다.
그리고 지금 당신 스스로도 그렇다고 말씀하십니다. (10.12-13)

오, 크리슈나여,

당신이 저에게 말씀하신 모든 것이 사실이라고 믿습니다.

신들이나 악마들조차도

당신이 자신을 드러내는 모습을 다 알 수 없습니다.

오, 지고한 신적인 정신7)이시여,

오직 당신 자신만이 당신이 누구인지 알 수 있습니다.

당신은 모든 존재의 근원이시며,

만물을 주관하는 주재자이십니다.

당신은 신들의 신이시며,

온 우주의 주이십니다. (10.14-15)

당신만이 당신이 누구인지를 말해 줄 수 있습니다.

그러니 당신의 신적인 본질을,

우주를 가득 채우고 그 안에 머물고 계신 당신의,

스스로를 드러내는 신적인 현현(顯現)에 대해서

하나도 남김없이 다 말씀해 주십시오. (10.16)

크리슈나여,

당신은 요가의 주(主)이십니다.

그러니 제가 어떻게 하여야

언제 어디서나 당신만 생각할 수 있을지 알려 주십시오.

당신의 수많은 모습 가운데

어떤 모습에 마음을 모아야 되는 것입니까?

오, 크리슈나여,

무한한 현현이 가능한 당신의 신비한 능력[8]에 대해
더 자세히 말씀해 주십시오.
당신의 가르침은 생명의 말씀입니다.
듣고 들어도 갈증이 가시지 않습니다. (10.17-18)

크리슈나:
좋다. 내가 나 자신을 드러내는
신적인 현현에 대해서 말해 주겠다.
그러나 다 말하자면 끝이 없기 때문에
중요한 몇 가지만 말해 주겠다. (10.19)

나는 모든 존재의 중심에 있는[9] 참나 아트만이다.
나는 모든 존재의 시작이요 중간이요 끝이다. (10.20)

나는 천상의 신들 가운데 우두머리인 비슈누이다.
나는 빛나는 모든 것들 가운데 태양이다.
나는 폭풍의 신들 가운데 우두머리인 마리치이다.
나는 밤하늘에 빛나는 뭇별들 가운데 달이다. (10.21)

나는 모든 경전 가운데 베다의 찬가[10]이다.
나는 신들 가운데 그들의 우두머리인 바사바[11]이다.
나는 감각의 주인인 마음이다.
나는 살아 있는 모든 존재의 의식(意識)이다. (10.22)

나는 폭풍과 파멸과 재생의 신 루드라들 가운데 상카라[12]이다.

나는 자연을 지배하는 신과 영들 가운데 풍요의 신 비테사[13]이다.

나는 정화하는 불 가운데 있는 불의 신 파바카[14]이다.

나는 산봉우리 가운데 신들이 기거하는 메루산[15]이다. (10.23)

나는 사제들의 우두머리인 브리하스파티이다.

나는 제사의 주(主)인 프리타이다.

나는 장군들을 지휘하는 전쟁의 신 스칸다이다.

나는 모든 강과 호수의 제왕인 바다이다. (10.24)

나는 현자들 가운데 현자인 브리구이다.

나는 모든 말(言) 가운데 성스러운 음절 '옴'이다.

나는 제사드릴 때 반복해서 읊는 거룩한 신의 이름이다.

나는 우뚝 서 있는 것들 가운데 으뜸인 히말라야이다. (10.25)

나는 나무 가운데서 성스러운 무화과나무이다.

나는 신성한 현자들 가운데서 가장 위대한 현자 나라다이다.

나는 음악의 신들 가운데서 가장 뛰어난 치타라타[16]이다.

나는 깨달은 사람들 가운데서 카필라[17]이다. (10.26)

나는 말(馬) 가운데서 태양신의 마차를 끄는 우차이스라바이다.

나는 코끼리 가운데서 인드라가 타고 다니는 아이라바타이다.

나는 인간들 가운데서 제왕이다. (10.27)

나는 무기 가운데서 인드라의 무기 바즈라이다.

나는 소(牛) 가운데서 소원을 이루어 주는 카마두크이다.

나는 생식을 주관하는 사랑의 신 칸다르파[18]이다.

나는 뱀들 가운데서 뱀들의 왕 바수키이다. (10.28)

나는 용(龍) 가운데서 우두머리인 아난타이다.

나는 물에 사는 것들 가운데서 물의 신 바루나이다.

나는 옛 조상들 중에 최초의 조상인 아리야만이다.

나는 정복자들 중에 최고의 정복자인 죽음의 신 야마이다. (10.29)

나는 신들과 전쟁을 벌이는

악마들 무리에서 탈출한 경건한 프라흐라다이다.

나는 모든 헤아림 가운데 헤아림의 토대인 시간이다.

나는 짐승 무리 가운데 제왕인 사자이다.

나는 새들 가운데 비슈누가 타고 다니는 독수리 가루다이다. (10.30)

나는 정화하는 힘 가운데서 바람이다.

나는 전사들 중에 전사 라마이다.

나는 모든 물고기 가운데 바다의 괴물인 마카라이다.

나는 모든 강 가운데 가장 성스러운 갠지스강이다. (10.31)

아르주나여,

나는 모든 존재의 처음과 중간과 끝이다.

나는 모든 지식 가운데 지고한 아트만에 관한 앎이다.

나는 말하는 자들의 의견이다. (10.32)

나는 문자 가운데 첫 글자인 아(A)이다.

나는 낱말이 동등하게 합쳐진 병렬 복합어이다.

나는 무한한 시간이며 오직 나만이 그러하다.

나는 모든 곳을 지켜보는 만물의 유지자이다. (10.33)

나는 모든 것을 끝내는 죽음이다.

나는 앞으로 존재하게 될 모든 것의 근원이다.

나는 여성적인 성질 가운데서

명성, 행운, 말(言), 기억, 지혜, 고귀함, 그리고 용서[19]이다. (10.34)

나는 베다의 찬가 가운데 가장 아름다운 브리하트이다.

나는 시구 가운데 가장 성스러운 가야트리이다.

나는 열두 달 가운데 첫 달인 마르가쉬르샤이다.

나는 네 계절 가운데 꽃이 만발하는 봄이다. (10.35)

나는 사기꾼들이 벌이는 도박이다.

나는 빛나는 사람들의 찬란함이다.

나는 이긴 자의 분투와 승리이다.

나는 선한 사람의 선함[20]이다. (10.36)

나는 브리쉬니 종족[21] 가운데 바수데바[22]이다.

나는 판두의 아들들 가운데 아르주나이다.

나는 현자들 가운데 으뜸인 브야사이다.

나는 시인들 가운데 위대한 시인 우샤나스이다. (10.37)

나는 통치자들의 권력이다.

나는 승리를 원하는 자들의 비책(秘策)이다.

나는 알려지지 않는 것들의 침묵이다.

나는 지혜로운 자들의 지혜이다. (10.38)

아르주나여,

나는 모든 존재의 씨앗이다.

움직이는 존재이나 움직이지 않는 존재이나

내가 없이는 아무것도 이 세상에 나오지 못한다. (10.39)

아르주나여,

나의 신적인 현현(顯現)은 끝이 없다.

지금까지 말한 것은 아주 일부에 지나지 않는다.

빛을 발하는 것이나 힘 있는 것이나 이해하는 능력 등

현상 세계에 존재하는 모든 것은

나의 빛나는 광휘에서 떨어져 나온 파편들이다. (10.40-41)

하지만 아르주나여,

모든 것을 빠짐없이 다 아는 것이 중요한 것이 아니다.
나의 파편 한 조각만으로도 온 우주가 가득 차고
사라지지 않고 유지된다는 것만 알면
그것으로 충분하다. (10.42)

제11장
우주의 주, 그의 장엄한 형상

아르주나:

당신은 지고한 참나 아트만에 대한

최고의 비밀을 말씀해 주셨습니다.

당신의 자애로운 그 말씀을 듣고

저의 망상과 혼란스러움이 사라졌습니다.

당신은 모든 존재의 시작과 끝을 말씀해 주셨습니다.

저는 그 두 가지를 새겨들었습니다.

오, 연꽃잎 같은 눈을 가지신 이여,

당신은 영원히 현존하는,

당신 자신의 장엄함에 대해서도 말씀해 주셨습니다. (11.1-2)

오, 우주의 주(主)이시여,

지고한 신적인 정신이시여,

이제 당신이 말씀하신 당신의 장엄한 모습을

제 눈으로 보기를 원합니다.

오, 주이시여, 요가의 주(主)[1]이시여,

저에게 그럴 만한 자격이 있다고 생각하신다면
불멸의 당신의 모습을 보여 주소서. (11.3-4)

크리슈나:

아르주나여, 보라.
수천수만 가지 색깔과 모양을 가지고 있는
무수한 나의 신적인 형상을 보여 주겠다.
아르주나여,
열두 태양신 아디티야들을 보라.
자연의 힘을 다스리는 신들인 바수들을 보라.
바람과 폭풍의 신 루드라와 마루트를 보라.
천상의 기수(騎手) 두 아쉬빈들을 보라.
지금까지 보지 못했던 이들의 놀라운 모습을 보라. (11.5-6)

아르주나여,
온 세상이 내 안에 있음을 보라.
움직이는 것과 움직이지 않는 것,
그리고 그대가 보고 싶어 하는 모든 것이
내 안에 있음을 보라.
하지만 그대의 육체의 눈으로는 볼 수 없기에,
내가 그대에게 영적인 눈²⁾을 열어 주리니
그 눈으로 나의 장엄한 능력을 보라. (11.7-8)

산자야:

왕이시여,

요가의 주(主) 크리슈나는 이렇게 말한 다음

아르주나에게 자신의 장엄한 형상을 펼쳐 보였습니다. (11.9)

그는 갖가지 천상의 보석으로 장식한

수많은 얼굴을 가진 모습을 보여 주었습니다.

그는 갖가지 무기를 들고 있는

온갖 기이한 모습으로 아르주나에게 나타났습니다.

그는 꽃다발을 목에 두르고

빛나는 옷을 걸치고 있었으며

몸에서는 천상의 향기가 퍼져 나왔습니다.

크리슈나는 이렇게 자신의 무한한 신성을,

모든 기이한 것들의 근원이며 모든 것을 지켜보고 있는

자신의 모습을 아르주나에게 보여 주었습니다. (11.10-11)

크리슈나의 위대한 존재[3]의 광채는

마치 천 개의 태양이 동시에 떠올라

빛을 발하고 있는 것처럼

찬란한 광채를 내뿜었습니다. (11.12)

아르주나는 이렇게

신들의 신인 크리슈나의 몸 안에서,

온 우주가 하나로 결합된 상태에서
동시에 다양한 모습으로 나타나는
신비한 광경을 보았습니다.
아르주나는 놀라움에 사로잡혔습니다.
머리털이 곤두섰습니다.
그는 주 앞에 손을 모으고 고개를 숙이며
이렇게 말했습니다. (11.13-14)

아르주나:
오, 주여,
저는 모든 신들과 뭇 존재들이
당신 안에 있는 것을 봅니다.
창조주 브라마가
당신 안에서 연꽃 위에 앉아 있는 것을 봅니다.
모든 현자들과 천상의 뱀들이
당신 안에 있는 것을 봅니다. (11.15)

저는 지금
수많은 팔과 얼굴과 눈을 가지고 있는,
동시에 모든 곳에 있는
당신의 무한한 형상을 보고 있습니다.
저는 당신의 시작과 중간과 끝이 어디인지 알 수 없습니다.
오, 만유의 주이시여,

온 세상이 당신 안에 있습니다. (11.16)

왕관을 쓰고
무지를 깨부수는 방망이와
무지를 일깨우는 거울을 들고 계신 당신에게서
눈부신 광채가 온 사방으로 발산되고 있습니다.
도저히 눈을 뜨고 쳐다볼 수가 없습니다.
마치 이글거리는 태양이 빛을 내뿜는 것처럼
눈이 부셔 똑바로 쳐다볼 수가 없습니다. (11.17)

당신은 모든 앎의 지고한 목표입니다.
당신은 변하지 않는 궁극적인 실재입니다.
당신은 모든 피조물의 안전한 피난처이며,
진리의 영원한 수호자이십니다.
나는 당신이 모든 것의 근원⁴⁾임을 믿습니다. (11.18)

당신은 시작도 없고 중간도 없으며 끝도 없습니다.
당신의 무한한 능력은 미치지 않는 데가 없습니다.
당신은 헤아릴 수 없이 많은 팔을 지니고 있습니다.
태양과 달이 당신의 눈이며,
당신의 입에서 뿜어져 나오는 불길의 열기와
당신의 광채가 온 우주를 가득 채우고 있습니다. (11.19)

오, 위대한 아트만이시여,

하늘과 땅이 당신으로 가득 차 있습니다.

당신은 어디에나 계십니다.

무섭고 놀라운 당신의 이런 모습을 보고

지금 삼계(三界)가 전율하고 있습니다. (11.20)

신들의 무리가 두려운 마음으로

찬양과 경배를 하면서 당신 안으로 들어가고 있습니다.

위대한 현인들과 깨달음에 이른 이들이

당신을 더없이 찬양하면서 당신 안으로 들어가고 있습니다. (11.21)

루드라와 아디티야와 바수들,

사디야와 비쉬베데바와 아쉬빈들,

마루트와 우쉬마파와 간다르바들,

야크샤와 아수라와 완성에 이른 싯다들,

이 모든 신들과 깨달은 자들이

놀라움의 눈으로 당신을 바라보고 있습니다. (11.22)

오, 전능한 분이시여,

수많은 팔과 다리와 발,

그리고 어마어마한 송곳니와 복부를 지닌

당신의 놀라운 모습을 보면서

온 세상이 두려움에 떨고 있습니다.

저 또한 두려워 어찌할 바를 모르겠습니다. (11.23)

오, 비슈누이시여,

당신의 빛을 내뿜는 눈과 크게 벌린 입,

그리고 온갖 색깔의 광채를 발하며

하늘 끝까지 닿아 있는 당신의 거대한 형상을 보면서

저의 심장이 두려움에 요동을 칩니다.

다리에 힘이 빠지고

마음이 도저히 안정이 되지 않습니다. (11.24)

당신의 크게 벌어진 입에서 뿜어져 나오는

세상을 집어삼킬 듯한 불길을 보면서,

또 어마어마한 송곳니를 보면서

저는 혼이 빠져 버렸습니다.

제가 지금 어디에 있는지도 모르겠고,

어디로 가야 평안할 수 있을지도 모르겠습니다.

오, 온 우주를 유지하는[5] 주이시여,

저에게 자비를 베풀어 주소서. (11.25)

드리타라슈트라 왕의 아들들이 다른 왕들과 함께,

그리고 비슈마와 드로나와 카르나와

우리 편 군대의 전사들과 모든 장수들이

당신의 무시무시한 입속으로 빨려 들어가고 있습니다.

어떤 이들은 당신의 치아 사이에 끼기도 하고

어떤 이들은 송곳니에 머리가 으깨어지고 있습니다.

모든 강물이 바다로 흘러들어 가듯이

이 땅의 영웅들의 무리가

불길을 내뿜는 당신의 입속으로 빨려 들어가고 있습니다.

부나방이 죽음을 향하여 불길 속으로 날아들듯이,

모든 존재가 자신의 파멸을 향하여

당신의 입속으로 돌진해 들어가고 있습니다. (11.26-29)

당신은 불을 내뿜는 거대한 입으로

온 세상을 삼켜 버립니다.

오, 비슈누이시여,

당신이 뿜어내는 무시무시한 불길이

온 세상을 잿더미로 만들고 있습니다. (11.30)

오, 주이시여, 말씀해 주십시오.

이 무서운 형상으로 나타난 당신이 누구인지.

엎드려 비노니, 자비를 베푸소서.

세상이 있기 전부터 존재한

당신이 누구인지 알고 싶습니다.

당신이 어떤 분인지6) 정말 모르겠습니다. (11.31)

크리슈나:

나는 세상이 파괴되는 강력한 원인인 시간이다.

나는 세상을 집어삼키는 자이다.

그대가 전투에 참여하지 않는다고 하더라도[7]

반대편에 진을 치고 있는 모든 전사들은

한 사람도 빠짐없이 멸절할 것이다.

그러니 아르주나여, 일어나 싸우라.

적군을 물리치고 옛 왕국의 영광을 되찾으라.

적군의 전사들은 이미 내가 죽였다.

이 싸움에서 그대는 단지

나의 손에 들려진 무기에 지나지 않는다. (11.32-33)

비슈마, 드로나, 자야드라타, 카르나를 비롯한

모든 적군의 전사들은 이미 내가 죽였다.

그대는 나가서

이미 내가 죽인 그들을 죽이도록 하라.

주저하지 말고 나가 싸워라.

그대는 이 전투에서 적을 정복할 것이다. (11.34)

산자야:

아르주나는 크리슈나의 이 말을 듣고

두려워 떨면서 고개를 숙이며 이렇게 말했습니다. (11.35)

아르주나:

오, 크리슈나여,

당신을 찬양하는 소리에

온 세상이 기뻐하며 즐거워합니다.

악마의 무리는 겁에 질려 사방으로 달아나고

성자와 현인들은 당신께 경배합니다.

오, 위대한 분이시여,

어찌 당신을 경배하지 않을 수 있겠습니까?

당신은 심지어 창조자 브라마보다 위대한,

항상 현존하는 영원한 분입니다.

당신은 신들의 신이시며,

모든 존재, 온 우주의 거주처입니다.

당신은 존재이며 비존재입니다.

그리고 그 둘마저도 초월한

영원히 변하지 않는 불멸자입니다. (11.36-37)

당신은 시간을 초월한 원초적인 신이며,

온 우주의 근원[8]입니다.

당신은 모든 존재의 최후의 안식처입니다.

모든 앎의 대상이 당신이며

그것을 아는 자도 당신입니다.

당신 안에 온 세상이 있으며,

온 세상의 모든 형상이 다 당신입니다. (11.38)

당신은 바람의 신 바유입니다.

당신은 죽음의 신 야마입니다.

당신은 불의 신 아그니입니다.

당신은 물의 신 바루나입니다.

당신은 달이며, 모든 존재의 주(主)입니다.

당신은 모든 존재의 최초의 조상입니다.

그러므로 당신 앞에 머리를 숙이고

경배하고 또 경배합니다. (11.39)

앞을 향해 당신께 절합니다.

뒤를 향해 당신께 절합니다.

당신은 어디에나 계십니다.

그러므로 나는 사방을 향해 당신께 절합니다.

당신의 능력은 헤아릴 길이 없습니다.

당신은 모든 존재 속에 충만하게 현존하고 있습니다.

그러므로 모두가 당신입니다. (11.40)

저는 경솔하게도

당신을 그냥 친구 정도로만 여기고

때로는 농담을 건네기도 하고

대수롭지 않게 같이 앉아 음식을 먹기도 하고

장난을 치기도 했습니다.

다른 사람들이 보는 앞에서도 그렇게 했습니다.

오, 크리슈나여,

무한한 분이신 당신의 위대함을 알아보지 못하고,

당신께 보인 이 무례함을 부디 용서해 주십시오. (11.41-42)

당신은 온 세상의 아버지입니다.

움직이는 것과 움직이지 않는 모든 것의 아버지입니다.

당신은 모든 찬양과 경배를 받으실

가장 위대한 스승입니다.

온 세상에 당신과 견줄 자가 없습니다.

온 세상에 당신보다 더 영광스러운 자가 없습니다.

오, 찬양받으실 주이시여,

엎드려 청하오니 자비를 베풀어 주십시오.

아버지가 아들을 용서하듯이,

친구가 친구를 용서하듯이,

사랑하는 사람이 연인을 용서하듯이,

저를 용서해 주시기 바랍니다. (11.43-44)

이전에는 결코 보여 주지 않았던

당신의 모습을 보니 마음이 매우 기쁩니다.

하지만 두려워 떨립니다.

신들의 주이시여,

모든 존재의 거주처이신 분이시여,

자비를 베푸시어 부디 이전 모습으로 돌아와 주십시오.

비록 온 세상이 다 당신의 형상이라 할지라도,

천 개의 팔을 지닌 무서운 형상의 당신보다는

머리에는 왕관을 쓰고,

죄악을 쳐부수는 방망이와

무지를 일깨우는 거울을 들고 있는

당신의 자비로운 모습을 보고 싶습니다. (11.45-46)

크리슈나:

아르주나여,

그대는 나의 은총으로

내 능력[9]을 통해 나타나는 지고한 형상을 보았다.

지금까지 아무도 본 적이 없는,

시작도 없고 끝도 없는

나의 빛나는 우주적인 모습을 보았다.

경전의 지시에 따라 제물을 아무리 많이 바쳐도,

경전을 아무리 외우고 연구해도,

보시를 많이 하고 뼈를 깎는 고행과 금욕을 해도,

그대가 본 나의 모습은 볼 수 없다.

오직 그대만이 나의 영적인 비전을 보았다.

오, 용감한 전사 아르주나여,

그대가 본 나의 모습 때문에 두려워하거나 혼란스러워하지 마라.

이제 나의 무서운 모습을 거둘 것이니

마음을 편안히 갖도록 하라. (11.47-49)

산자야:

크리슈나는 이렇게 말한 다음

자애롭고 멋진 이전의 자기 모습으로 돌아와서

두려워하고 있는 아르주나를 위로하고 안정시켰습니다. (11.50)

아르주나:

오, 크리슈나여,

인간의 형상으로 돌아온 부드러운 당신의 모습을 보니

이제야 저의 마음이 가라앉았습니다. (11.51)

크리슈나:

그대가 본 것과 같은 나의 모습을 보기는

하늘의 별따기만큼이나 어렵다.

신들조차도

그대가 본 것과 같은 나의 모습을 보기를 갈망한다.

경전 탐구를 통해서도

고행과 금욕과 보시를 통해서도

그리고 제사나 종교 의식을 통해서도

그대가 본 것과 같은 나의 모습은 보지 못한다. (11.52-53)

아르주나여,

흔들리지 않는 헌신을 통해서만

나와 하나될 수 있고,

나를 알고 나를 볼 수 있다.

나에게 헌신하는 사람,

행위의 결과에 집착하지 않고

나를 의지해서 나의 일을 행하는 사람,

그리고 이원적인 대립을 벗어나

누구에게도 적대감을 갖지 않는 사람만이

나의 존재 속으로 들어와서 나와 하나가 된다. (11.54-55)

제12장
헌신의 길

아르주나:

당신께 완전히 헌신하는 박티 요가 수행자와

당신을 무형(無形)의 영원한 실재로 여기고

정신적으로 당신을 찾는 갸나 요가 수행자 중에

누가 더 흔들리지 않는 합일의 길을 가는 것인지요?[1] (12.1)

크리슈나:

순수한 믿음으로 마음을 나에게 집중하고,

흔들리지 않는 헌신의 길을 가는 것이

가장 완벽한 요가, 곧 가장 완벽한 합일의 길이다.

그러나 감각기관과 마음을 제어하면서,

이름도 없고 모양도 없으며

생각할 수도 없고 느낄 수도 없고

모든 곳에 있으며

변하거나 움직이지 않는 영원한 실재를 찾으며,

모든 존재의 행복을 추구하는 수행자들 역시

나에게 이른다. (12.2-4)

하지만 물질적인 육체를 가지고 있는 사람으로서는

눈에 보이지 않는 초월적 실재에

흔들리지 않는 마음으로 집중하여

그것과 하나되기는 상당히 어렵다.

그럼에도 불구하고 모든 일상적인 행위를 포기2)하고

나를 인생의 궁극적인 목표로 삼고

나를 명상하며 나에게 완전히 몰입3)하는 사람은

머지않아

태어남과 죽음이 반복되는 윤회의 바다에서

빠져나올 수 있다. (12.5-7)

그러므로 아르주나여,

그대의 마음과 생각을 다하여 나에게 몰두하라.

그러면 그대는 영원토록

나와 하나인 상태에 머물 것이다.

이것은 의문의 여지가 없는 사실이다. (12.8)

그러나 나에게 온전히 집중하는 것이

뜻대로 잘되지 않는다면

규칙적인 요가 수행을 통하여 나에게 이르도록 하라.

그것마저도 제대로 할 수 없다면,

모든 것을 나의 일로 여기고

모든 것을 나를 위해서 한다는 심정으로 행위하도록 하라.

이 방법을 통해서도 완성에 이를 수 있다.

그러나 만약 이마저도 잘되지 않는다면

결과는 나에게 맡기고,

행위의 결과에 집착하지 않고 행위하는 길을 가도록 하라.

이 길을 가려면 이기적인 욕망을 제어해야 한다. (12.9-11)

기계적인 훈련보다는 지혜의 탐구가 낫고,

지혜의 탐구보다는 명상에 몰입하는 것⁴⁾이 나으며,

명상에 몰입하는 것보다는

행위의 결과에 집착하지 않는 포기가 훨씬 낫다.

행위의 결과에 집착하지 않고 행위하는 자는

즉시 평화를 얻는다. (12.12)

나는 아무도 미워하지 않고

누구에게나 친절하고 자비로운 사람을 사랑한다.

나는 '나' 또는 '나의 것'이라는 생각을 품지 않고,

소유에 집착하지 않으며,

고통과 기쁨에 마음이 동요하지 않으며,

모든 것을 초연하게 바라보는 사람을 사랑한다. (12.13)

나는 어떤 상황에나 만족하며,

자신을 제어하고 굳은 믿음을 가진 사람을 사랑한다.

나는 마음과 생각 전체를 기울여

나에게 몰두하는 사람을 사랑한다.

이런 사람이 나에게 헌신하는 사람이며

나는 이런 사람을 사랑한다. (12.14)

이런 사람은 세상을 혼란스럽게 하지 않으며,

세상 또한 이런 사람을 흔들지 못한다.

기쁨, 짜증, 그리고 두려움과 걱정에서 멀리 벗어난 사람,

이런 사람 역시 나에게 사랑스러운 존재이다. (12.15)

나는 어디에 치우치지 않고 초연한 사람을 사랑한다.

나는 밝고 순수한 사람을 사랑한다.

나는 근심 걱정하지 않는 갈망 없는 사람을 사랑한다.

나는 모든 것을 나에게 맡기고

나에게 헌신하는 사람을 사랑한다. (12.16)

나는 무엇을 즐거워하지도 않고

무엇을 싫어하지도 않는 사람을 사랑한다.

나는 무엇을 애통해하거나

무엇을 갈망하지 않는 사람을 사랑한다.

무엇이 오고 가거나 마음이 흔들리지 않으며,

오직 나에게만 마음을 향하는 사람을 사랑한다. (12.17)

나는 원수와 친구를 동등하게 대하며,

존경과 멸시, 추위와 더위, 즐거움과 괴로움을

동일하게 여기는 사람을 사랑한다.

나는 명예와 불명예에 초연한 사람을 사랑한다.

나는 무엇에 집착하지 않고

어떤 상황이 오더라도 만족하는 사람을 사랑한다. (12.18)

나는 누가 칭찬하거나 비난해도

아무 말이 없는 사람을 사랑한다.

나는 어떤 상황에서라도 만족하는 사람,

집도 절도 없는 처지가 되어도 만족하는 사람,

그러면서 언제 어디서나 나만을 바라보는

이런 사람을 사랑한다. (12.19)

그러나 누구보다도

지금까지 말한 영원한 진리를 소중히 여기고,

나를 삶의 궁극적인 목표로 삼고,

온전한 믿음으로 나에게 몰입하는 사람이

나에게 가장 사랑스러운 존재이다. (12.20)

제13장
물질과 신적인 정신

아르주나:

크리슈나여,

신적인 정신인 '푸루샤'와

물질적인 현상계의 본성인 '프라크리티',

곧 '들판을 아는 자'와 '들판',

'앎'과 '앎의 대상'에 대해서 알고 싶습니다.[1]

크리슈나:

아르주나여,

육체를 들판이라고 하고

들판이 무엇인지 정확히 알고

들판을 경작하면서 경험하는 존재를

들판을 아는 자라고 한다. (13.1)

아르주나여,

내가 곧 들판을 아는 자임을 알아라.

나는 들판과 들판을 아는 자를 함께 아는 것을

참다운 앎으로 여긴다. (13.2)

들판이란 무엇인가?

들판은 어떤 성질을 가지고 있으며,

그 성질은 어떻게 변하며,

성질을 변하게 하는 힘은 어디서 비롯되는가?

그리고 들판을 아는 자는 누구이며,

그에게는 어떤 능력이 있는가?

이제 이런 의문에 대해 간략히 설명하겠다.

현자들은 저마다 자기 방식으로

들판을 아는 자를 노래하고 있다.

'브라마 수트라'[2] 에도

들판을 아는 자, 곧 브라만에 대한 설명이 있다. (13.3-4)

아르주나여,

들판은 다음과 같은 것으로 이루어져 있다.

다섯 가지 물질 원소,

눈에는 보이지 않는 '나'라는 자아의식과 마음,

다섯 가지 감각기관,

다섯 가지 감각 대상,

다섯 가지 작용 기관.[3]

이런 것으로 이루어져 있는 이 들판에서

욕망, 증오, 쾌락, 고통, 육체와 지성 같은 것들이
다양한 형태로 변화하며 나타난다. (13.5-6)

들판의 구성 요소와 그 변화를 아는 사람은
오만과 위선에서 벗어난다.
비폭력, 용서, 정직, 순수, 스승에 대한 헌신 등이
그들의 특징이다.
그들은 자신을 잘 제어하고,
감각 대상과 에고의 욕망에 집착하지 않는다.
이런 사람은 생로병사와 고통에 대한
깊은 통찰력을 가지게 된다. (13.7-8)

들판의 구성 요소와 그 변화를 아는 사람은
소유물에 대한 집착에서 벗어난다.
아내나 자식이나 집에 대해서도 애착을 갖지 않는다.
이런 사람은 행운이나 불행을
늘 평등한 눈으로 바라본다.
이들은 한결같은 마음으로 나에게 헌신하며,
세상 사람들과 무리지어 어울리기보다는
한적한 곳에서 홀로 있으면서
지고한 아트만을 아는 상태에 머무는 것을 좋아한다.
이렇게 언제 어디서나
앎의 궁극 목표인 참나 아트만을 아는 것이

참다운 지혜이다.

그것이 아닌 다른 무엇을 찾는 것은 무지이다. (13.9-11)

이제 그대에게 모든 앎의 목표,

그것을 알면 불멸에 이르는 지혜,

존재도 아니고 비존재도 아닌 '그것',

곧 시작이 없는 지고한 브라만에 대해 말해 주리라. (13.12)

그는 이 세상의 모든 것 안에 있다.

모든 손과 발과 머리에 그가 있다.

모든 얼굴과 눈과 귀에 그가 있다.

그는 온 세상을 감싸고 있다.

그는 모든 감각 활동을⁴⁾ 인지하지만

감각에 종속되지 않는다.

모든 존재를 유지하고 있지만

어떤 것에도 묶이지 않는다.

그는 현상 세계를 움직이는 세 가지 기운에서 자유롭지만

그 세 가지 기운이 일으키는 변화를 경험한다. (13.13-14)

그는 안에 있으면서 동시에 밖에 있으며,

움직이면서 동시에 움직이지 않는다.

그는 멀리 있으면서 동시에 가까이 있는

이해를 넘어서는 신비한 존재이다. (13.15)

그는 나누어져 있지 않지만
다양한 존재로 나뉘어져 자신을 드러낸다.
그가 존재들을 생성시키는 창조자이고,
존재들을 지탱하는 유지자이며,
존재들을 소멸시키는 파괴자이다.
이런 그를 아는 것이 모든 앎의 목표이다. (13.16)

그는 모든 존재의 가슴속에5) 머물고 있다.
그는 모든 빛의 원천이다.
그는 어둠을 초월해 있다.
그는 모든 앎의 대상이자 목표이며,
앎을 통해 그에게 도달할 수 있다. (13.17)

나에게 헌신하는 사람은
지금 간략히 설명한
들판과 앎과 앎의 대상을 확실히 이해하여
나의 상태에 이를 것이다. (13.18)

현상 세계의 본질인 프라크리티와
그 배후에 있는 신적인 정신 푸루샤는
둘 다 시작이 없다.
물질의 세 가지 기운인 구나들과
그것들이 만들어 내는,

들판에서 일어나는 모든 변화는
프라크리티에서 비롯되는 것이다.
프라크리티가 행위의 원인이다.
행위의 대상, 행위의 도구, 행위자는 모두
물질의 본질인 프라크리티에 속해 있다.
하지만 프라크리티에서 일어나는 쾌락과 고통을 경험하는 자는
신적인 정신 푸루샤이다. (13.19-20)

푸루샤는 프라크리티 안에 머물면서,
프라크리티에서 일어나는 구나들의 활동을
지켜보며 경험하고 있다.
만약 어떤 존재 안에 머물고 있는 푸루샤가
특정한 구나의 활동에 집착하면
그것이 그 어떤 존재가 좋은 곳이나 나쁜 곳에 태어나는
탄생의 원인이 된다. (13.21)

육체 안에 머물고 있는 지고한 푸루샤는
지켜보는 자이며 인도하는 자이다.
그는 현상 세계를 지탱하는 자이며
모든 경험을 향수하는 자이다.
그가 곧 위대한 대주재자이다. (13.22)

푸루샤와 프라크리티와 구나의

본성과 변화를 이해한 사람은,

어떤 수행의 길을 가든지6)

윤회의 굴레에서 벗어난다. (13.23)

어떤 이들은 명상 수행을 통해서7)

내면의 참나 아트만을 깨닫는다.

어떤 이들은 지혜의 길을 감으로써8)

내면의 참나 아트만을 깨닫는다.

어떤 이들은 집착 없이 행위하는 길을 감으로써9)

자기 내면의 참나 아트만을 깨닫는다.

이런 길을 전혀 모르지만

깨달은 스승의 말을 듣고

가르침을 받은 대로 실천하는 사람도

역시 죽음의 바다를 건넌다. (13.24-25)

아르주나여,

움직이는 것이나 움직이지 않는 것이나

태어난 모든 것은

들판과 들판을 아는 자,

곧 프라크리티와 푸루샤의 결합에서 비롯된 것이다. (13.26)

모든 존재 안에

똑같은 지고한 주가 머물고 있음을 보는 자가

진정으로 보는 자이다.

그는 소멸되어 가는 것들을 보면서

그 안에 소멸되지 않는 주가 계신 것을 본다.

모든 존재 속에 동일한 주가 계신 것을 보는 사람은

자신을 죄인으로 정죄하지 않고

다른 사람을 비난하지도 않는다.

그래서 그는 지고한 목표에 도달한다. (13.27-28)

모든 행위는

프라크리티의 물질적인 성질에 따라서 저절로 일어나는 것이며

따라서 자기는 행위자가 아님을 아는 사람이

참으로 아는 사람이다.

상태와 단계가 천차만별인 뭇 존재들을 볼 때

그 다양한 존재들의 근원이 하나이며,

그 하나의 근원에서 만물이 전개되어 나옴을 보는 사람은

지고한 브라만의 경지에 이르게 된다. (13.29-30)

아르주나여,

영원히 현존하는 참나 아트만은

몸속에 머물고 있지만

몸과 함께 생긴 것이 아니며

물질적인 기운인 구나도 지니고 있지 않다.

그는 어떤 행위도 하지 않으며,

어떤 행위에도 영향을 받지 않는다.

온 우주를 가득 채우고 있는 에테르는

우주 안에 있는 모든 존재들 안에도 채워져 있다.

하지만 에테르는 자기 안에 있는 존재들로 인하여

더럽혀지지 않는다.

마찬가지로 참나 아트만은

변화하는 모든 존재들 속에 머물면서도

그들의 활동에 결코 영향을 받지 않는다. (13.31-32)

하나의 태양이 온 세상을 비추듯이

들판을 아는 주(主)께서 들판 전체를 비춘다.

들판과 들판을 아는 자의 차이를 아는 사람은

프라크리티, 곧 현상 세계의 변화에 구속되지 않는

지고한 경지에 이른다. (13.33-34)

제14장
현상 세계를 움직이는 세 기운

크리슈나:

아르주나여,

이제 그대에게 최고의 지혜를 말해 주리라.

모든 현자들은 이것을 알고

궁극적인 완성에 이르렀다.

이 지혜에 의지하여 나의 상태에 도달한 사람은

태어남과 죽음을 초월한

영원한 현존 상태에 이른다.

그는 세상이 소멸하더라도 흔들리지 않는다. (14.1-2)

아르주나여,

프라크리티[1]는 나의 씨를 잉태하는 자궁이다.

프라크리티의 모든 자궁은 브라만의 씨를 받아

만물을 생성해 낸다.

이 세상의 모든 존재는

자궁인 프라크리티에서 태어나며,

내가 씨를 뿌리는 아버지이다. (14.3-4)

프라크리티에서 생겨난 세 구나,
곧 사트바, 라자스, 타마스라는 물질의 세 성질이
불멸의 아트만이 몸을 입을 때 몸속에 가두어진다. (14.5)

사트바는 밝고 순수하며 평화로운 기운이다.
그러나 사트바에서 비롯되는
고결함과 지혜에 대한 집착으로 말미암아
그대의 참나 아트만²⁾이 속박을 당한다. (14.6)

라자스는 욕망과 집착에서 생기는 격정적인 기운이다.
라자스의 격정적인 활동에 대한 집착으로 말미암아
그대의 참나 아트만이 속박을 당한다. (14.7)

타마스는 무지에서 비롯되는 어두운 기운이다.
타마스의 어두운 힘으로 말미암아
몸을 입은 모든 존재가 미혹에 빠진다.
모든 존재들이 이 기운으로 말미암아
둔함과 게으름과 잠에 빠진다. (14.8)

아르주나여,
사트바는 그대를 행복에 집착하게 하고,

라자스는 그대를 활동으로 몰아넣으며,
타마스는 지혜를 덮어 그대를 게으름과 망상에 빠지게 한다. (14.9)

어떤 때는 밝고 고요한 기운이
활동적인 기운과 어두운 기운을 제압한다.
어떤 때는 활동적인 기운이
밝고 고요한 기운과 어두운 기운을 압도한다.
어떤 때는 어두운 기운이
활동적인 기운과 밝고 고요한 기운을 집어삼킨다. (14.10)

사트바의 밝고 고요한 기운이 우세할 때는
육체의 모든 세포3)가 지혜의 빛으로 밝고 가벼워진다.
라자스의 격정적이고 활동적인 기운이 우세할 때는
욕망과 열정과 동요 등으로 인해 끊임없이 활동으로 내몰린다.
타마스의 어둡고 무거운 기운이 우세할 때는
무지와 혼란과 게으름과 망상에 빠진다. (14.11-13)

죽음의 길을 가는 사람에게,
사트바의 밝고 고요한 기운이 우세하면
그는 고귀한 앎을 체득한 현자들의 세상으로 간다.
라자스의 격정적이고 활동적인 기운이 우세하면
그는 행동이 지배하는 세상에 태어난다.
타마스의 어둡고 무거운 기운이 우세하면

그는 망상에 빠진 무지한 존재의 자궁으로 들어간다. (14.14-15)

선한 행위⁴⁾는 밝고 고요한 사트바 기운의 열매이며,
고통은 활동적인 라자스 기운의 열매이고,
무지는 어두운 타마스 기운의 열매이다. (14.16)

지혜는 밝고 고요한 사트바 기운에서 생기고,
탐욕은 활동적인 라자스 기운에서 생기며,
게으름과 무지와 미망은 어두운 타마스 기운에서 생긴다. (14.17)

밝고 고요한 사트바 기운이 잘 배양된 사람은
고상한 상태인 위에 있는 세계로 가고,
활동적인 라자스 기운이 우월한 사람은
중간 상태인 이 세상에 다시 태어나며,
어두운 타마스 기운 가운데서 사는 사람은
저급한 상태인 아래에 있는 세계로 간다. (14.18)

지혜가 있는 사람⁵⁾은
행위자가 있는 것이 아니라
모든 행위가 세 가지 기운의 활동임을 안다.
물질 차원의 세 기운 너머를 아는 그는
나의 상태에 이른다. (14.19)

몸을 입은 자가
육체에서 비롯되는 물질의 세 가지 기운을 초월하면
생로병사의 수레바퀴에서 벗어나
불멸의 자유를 얻는다. (14.20)

아르주나:

오, 크리슈나여,
물질 차원의 세 기운을 초월한 사람의 특징은 어떠합니까?
물질 차원의 기운을 초월했다면
어떤 힘으로 행동하며 살아갈 수 있습니까?
그리고 어떻게 하여야
물질 차원의 세 기운에서 벗어날 수 있는 것입니까? (14.21)

크리슈나:

물질 차원의 세 기운을 초월한 사람은
밝으면 밝은 대로 놔두고,
활동적이면 활동적인 대로 놔두며,
어두우면 어두운 대로 놔둔다.
어떤 상태를 싫어하지도 않고 갈구하지도 않는다.
그는 멀리서 바라보고 있는 구경꾼처럼
물질의 기운들이 활동하고 있는 것을
그저 초연하게 바라보기만 한다.
그는 물질적인 기운의 활동에 영향을 받지 않는다.

그는 모든 행위와 활동이
물질적인 기운의 활동일 뿐이라고 생각하며
흔들리지 않는 상태에 머물고 있다. (14.22-23)

그는 괴로움과 즐거움을 하나로 보며,
흙덩이와 돌과 황금을 똑같은 것으로 여긴다.
그는 칭찬을 들어도 기뻐하지 않고,
비난을 받아도 화를 내지 않는다.
그는 명예와 불명예를 동등하게 보고,
친구와 적을 똑같이 여기며,
인위적인 행위를 꾀하지 않는다.
이런 사람을 일러
물질 차원의 기운을 초월한 자라고 한다. (14.24-25)

변함없이 헌신하는 요가로 나를 섬기는 사람은[6]
물질 차원의 세 기운을 초월하여
브라만에 이른다.
내가 브라만의 토대이고,
결코 사라지거나 변하지 않는 영원한 진리이며,
궁극적인 행복의 근원이기 때문이다. (14.26-27)

제15장
생멸과 불멸을 초월한 참나

크리슈나:

현자들은 영원한 아슈바타 나무[1]에 대해 말한다.

이 나무는 뿌리는 위를 향해 있고,

가지는 아래로 뻗어 있으며,

'베다'의 찬가인 잎이 무성하다.

이 나무를 아는 이는

'베다'의 참뜻을 깨우친 사람이다. (15.1)

이 나무는

물질세계의 세 가지 기운을 양분으로 섭취하면서

위아래로 가지를 뻗어 세상을 뒤덮는다.

무성한 가지에서는 온갖 감각의 대상인 싹이 움튼다.

아래로 뻗어 내리는 뿌리[2]는

인간 세상을 온통 휘감고

사람들을 끊임없는 행위의 물결 속으로 끌고 간다. (15.2)

이 세상에서는 이 나무의 모습을 알아보지 못한다.

이 나무의 시작과 전개되는 모습과 끝을 알지 못한다.

아래로 단단하게 뿌리를 내리고 있는 이 나무를

강한 무집착의 도끼로 잘라 내야 한다.

그러면 다시는 돌아오지 않는 영원한 집을 발견하게 되리라.

모든 행위가 시작된 근원인

신적인 정신 푸루샤 안에서 피난처를 발견하게 되리라. (15.3-4)

자기가 행위자라는 망상과

자기가 무엇을 한다는 자만심에서 벗어난 사람,

이기적인 욕망과 집착에서 벗어난 사람,

기쁨과 고통의 이원성을 넘어선 사람,

가상 현실을 현실로 착각하던 미망에서 벗어나

항상 지고한 아트만 안에 머무는 사람은

영원한 그 집에 이르게 될 것이다.

이곳은 해도 달도 불빛도 필요 없는 곳이다.

나의 영원한 거주처인 이 집에 도달한 사람은

다시는 고통의 세계로 돌아가지 않는다. (15.5-6)

나의 조각이 뭇 생명 안에 거하면서

개체적인 영혼이 된다.

나의 조각이 육체 속에 머무는 동안[3]에는

나의 감각과 마음이 물질적인 속성의 속박을 받는다.

바람이 이곳에서 저곳으로 향기를 퍼뜨리는 것처럼
나는 이 육체에서 저 육체로 옷을 갈아입는다.
감각과 마음은 내가 육체에서 떠날 때 함께 가고
다시 다른 육체 안으로 들어올 때 함께 들어온다.
나는 이런 식으로 개체의 영혼이 되어
눈과 귀와 코와 혀와 피부를 통해서,
그리고 여섯 번째 감각인 마음을 통해서
감각의 대상을 경험하며 즐긴다. (15.7-9)

현상 세계에 현혹된 사람들은
육체 속에 머물면서
구나들의 활동과 감각의 대상을 즐기는
나를 감지하지 못한다.
또 내가 감각의 대상을 즐기다가 육체를 벗고 떠날 때
떠나는 나를 감지하지 못한다.
하지만 지혜의 눈이 열린 사람은 나를 본다.
요가의 길에서 정진하는 수행자는
자기 안에 머물고 있는 참나 아트만4)을 본다.
하지만 어리석고 게으른 사람은 발견하지 못한다. (15.10-11)

이 세상을 밝게 비추는
해와 달과 모든 빛이 나에게서 비롯된 것이다.
나는 대지로 스며들어가 만물을 나고 자라게 한다.

나는 향기로운 생명의 물 소마⁵⁾가 되어
모든 식물에게 활기를 불어넣어 번성하게 한다.
나는 숨 쉬는 모든 존재의 들숨과 날숨⁶⁾을 결합하여
생명을 주는 숨이 되고,
음식을 소화시키는 위장 속의 불기운이 된다. (15.12-14)

나는 모든 존재들의 가슴속에⁷⁾ 머물면서
그들에게 기억하는 힘과 추리하고 아는 능력을 준다.
모든 '베다'가 가르치고 있는 것이 오직 나이다.
내가 '베다'의 정수인 '베단타'⁸⁾의 저자이고,
'베다'를 아는 자 또한 나이다. (15.15)

이 세상에는 두 종류의 존재가 있다.
하나는 태어나서 살다가 죽는 생멸하는 존재들이고
다른 하나는 변하지 않는 불멸의 존재⁹⁾이다.
하지만 이 둘을 초월한,
가장 높은 존재인 지고한 자아 아트만이 있다.
그가 온 우주에 충만하게 깃들어 있으며,
그가 만물을 양육하고 지탱하는 영원한 주(主)이다. (15.16-17)

아르주나여,
나는 모든 경전이 지고한 신적인 정신으로 찬양하고 있는
생멸(生滅)과 불멸(不滅)을 초월한 존재이다.

미혹에서 벗어나,

내가 지고한 신적인 정신임을 아는 사람은

존재 전체를 바쳐 나를 향한다[10]. (15.18-19)

아르주나여,

나는 그대에게 가장 깊은 진리를 전해 주었다.

이 가르침을 깨닫는 사람은 밝은 지혜를 얻는다.

그러면 그는 자신의 모든 의무[11]를 완수한 것이다. (15.20)

제16장
신적인 길과 악마적인 길

크리슈나:

아르주나여,

두려워하지 마라.

마음을 깨끗하게 지켜라.

영적인 수행의 길[1]에서 흔들리지 마라.

대가를 바라지 말고 베풀어라.

감각의 욕구를 절제하라.

신실한 마음으로 신을 섬겨라.

경전을 탐구하여 진리를 깨달으라.

집착을 버리고, 포기에서 오는 즐거움을 누려라.

누구를 향해서든 분노하거나 해치지 마라.

모든 존재를 자비로움으로 대하라.

욕심을 부리지 말고 선을 행하라.

강인한 정신력과 인내심과 순결함을 키워라.

누구에게도 원한을 품지 마라.

자만심을 버리고 겸손해라.

그러면 그대의 신적인 성품이 완성될 것이다. (16.1-3)

아르주나여,

위선과 오만과 과도한 자긍심,

분노와 잔인함과 무지,

이런 것들은 사람을 악마적 차원으로 떨어뜨린다. (16.4)

신적인 성품은 영원한 자유²)로 인도하지만

악마적인 속성은 속박의 원인이 된다.

그러나 아르주나여,

그대는 신적인 성품을 지니고 태어났다.

그러니 슬퍼하지 마라. (16.5)

아르주나여,

어떤 사람은 신적인 길을 따라 살아가고 있으며

어떤 사람은 악마적인 길을 따라 살아간다.

신적인 길에 대해서는 이미 상세하게 말했다.

그러니 이제는 악마적인 길에 대해 들어 보도록 하라. (16.6)

악마적인 길을 가는 사람은

언제 행동해야 하고 언제 멈추어야 하는지를 모른다.

그들은 무엇이 순수한 것이며

무엇이 선한 행위인지를 모른다.

그들은 신이 없다고 말한다.

진리라는 것도 없으며

영적인 법칙이나 질서도 없다고 말한다.

세상 만물은 성적인 욕망에 의해

우연히 태어난 것일 뿐이라고 말한다.

이런 비뚤어진 견해를 고집하는 사람들은

자기가 아는 쥐꼬리만 한 지식을 최고로 여기면서

이 세상을 고통과 파멸로 몰아넣는

온갖 못된 짓을 서슴없이 자행한다. (16.7-9)

그들은 위선과 자만심과 오만에 사로잡혀 있다.

그들은 부질없는 망상에 빠져 살고 있다.

그들의 탐욕은 끝이 없다.

도무지 만족할 줄을 모르고,

끝없이 이기적인 욕망을 추구한다.

그들은 감각적인 즐거움을 최고라고 생각하며

죽는 날까지 갈망에서 벗어나지 못한다.

그들은 수만 가지 갈망의 올가미에 걸려

탐욕과 분노의 힘에 내몰린다.

그들은 욕망을 채우기 위해

재물을 모으는 데 혈안이 되어 있다.

돈을 위해서라면 수단 방법을 가리지 않는다. (16.10-12)

그들은 이렇게 생각한다.

'나는 오늘 돈을 많이 벌었다.

내일은 더 많이 벌 것이다.

오늘 번 것은 다 내 것이다.

내일 벌 것도 다 내 것이 될 것이다.

나는 오늘 원수를 갚았다.

내일은 다른 원수를 갚을 것이다.

내가 내 인생의 주인이다.

나는 원하는 것을 내 맘대로 즐길 수 있다.

나는 성공했고 힘이 있다.

나는 정말 행복하다.

우리 집안은 훌륭하고 나는 부자이다.

나와 견줄 자 있으면 나와 봐라.

나는 통이 크고 관대하다.

헌금도 넉넉하게 바치고

자선모금 상자에 두툼한 봉투도 넣으리라.'

이게 바로 무지로 인해

망상에 빠진 사람들의 생각이다.

이렇게 탐욕의 올가미에 묶이고

망상의 거미줄에 걸린 사람은,

탐욕을 좇아 갈팡질팡하다가

마지막엔 지저분한 지옥에 떨어진다. (16.13-16)

그들은 자만심이 강하고 완고하며
돈이 있다고 어깨에 힘을 준다.
어쩌다 제사를 드려도
제사의 참뜻과는 전혀 관계없이
남에게 보이려고 그 짓을 할 뿐이다.
그들은 이기심과 폭력과 오만,
그리고 탐욕과 분노로 자신을 채움으로써
자기 속에, 그리고 다른 존재들 속에 머물고 있는
나를 욕되게 한다. (16.17-18)

나는 이 가증스럽고 잔인하고 더러운 인간들을
악마의 자궁 속으로3) 던져 넣는다.
아르주나여,
저들은 어두운 악마의 자궁 속으로 들어가
생을 거듭할수록 더욱 미혹되어
나에게 이르지 못하고
지저분하고 어두운 길만을 반복하여 따라간다. (16.19-20)

욕망과 분노와 탐욕은
스스로를 파멸의 지옥으로 던져 넣는 세 문(門)이다.
아르주나여,
그대는 이 세 가지4)를 버리도록 하라.
지옥에 이르는 이 세 문을 피하여,

지고한 목표를 향해 가도록 하라.

경전의 가르침을 무시하고

따고난 성향에 따라 이기적인 욕망을 추구하는 사람은

완성에 이르지 못한다.

그들은 삶의 진정한 목표에 도달하지 못하고

행복도 맛보지 못한다. (16.21-23)

그러므로 경전의 가르침을 따라,

하여야 할 것과

하지 말아야 할 것이 무엇인지

삶의 기준을 정확히 정하도록 하라.

그런 다음 그 가르침대로 행동하도록 하라. (16.24)

제17장
세 종류의 믿음

아르주나:

오, 크리슈나여,

경전의 가르침을 그대로 따르지는 않지만

나름대로 믿음[1]을 가지고 제사도 드리고 하는 사람들은

어떤 상태에 있는 것입니까?

밝음, 격정, 어두움[2] 가운데

그들은 어떤 상태에 있는 것입니까? (17.1)

크리슈나:

모든 존재는 타고난 기질에서 비롯되는

나름대로의 믿음을 가지고 있다.

어떤 이는 밝고 고요한 기질에서 비롯되는 믿음을,

어떤 이는 격정적인 기질에서 비롯되는 믿음을,

또 어떤 이는 어두운 기질에서 비롯되는 믿음을 가지고 있다.

아르주나여,

믿음은 그 사람의 기질을 닮는다.

사람의 특성은 그가 가지고 있는 믿음의 특성이다.
어떤 사람의 믿음이 바로 그 사람인 셈이다. (17.2-3)

기질이 밝고 고요한 사람은 천상의 신들[3]을 숭배한다.
기질이 격정적인 사람은 재물을 관장하는 신인 야크샤와
권력과 쾌락의 충동에 사로잡혀 있는 영인 아크샤를 섬긴다.
기질이 어두운 사람은 죽은 자의 영과 귀신을 섬긴다. (17.4)

어떤 사람은 가혹한 고행[4]을 하기도 한다.
하지만 경전의 가르침은 뒤로 제쳐 두고
위선과 이기심에서 행하는 고행은
애꿎은 육체만 괴롭히는 것이며,
몸 안에 머물고 있는 나를 괴롭히는 행위이다.
야망에 휩싸인 채 별별 희한한 고행을 다하고 있는 저들은
생각하고 행동하는 것이 악마와 같다. (17.5-6)

기질과 믿음에 따라
좋아하는 음식이 다르고,
제사드리는 태도와 방식도 다르며,
수행하는[5] 태도가 다르다.
또 베푸는 태도 역시 기질과 믿음에 따라 다르다. (17.7)

기질이 밝고 고요한 사람은

부드럽고 신선하고 제맛이 살아 있는 음식을 좋아한다.
이들은 활기를 돋우고 기운을 맑게 하며
건강을 증진시키는 음식을 좋아한다.
기질이 격정적인 사람은
짜거나 쓰거나 맵거나 뜨거운 자극적인 음식을 좋아한다.
이런 음식은 고통과 병의 원인이 된다.
기질이 어두운 사람은
타거나 역한 냄새가 나거나 신선하지 않은 음식을 좋아한다.
이들은 대체로 제맛을 잃어버린 음식을 좋아한다. (17.8-10)

기질이 밝고 고요한 사람은
대가를 바라지 않고, 오직 경전의 가르침에 따라
순수한 마음으로 제사를 드린다.
기질이 격정적인 사람은
좋은 결과를 기대하는 마음으로,
또는 남에게 보이기 위해서 제사를 드린다.
기질이 어두운 사람은
아무 믿음도 없이 제사를 드린다.
규범에 따르지 않고 자기 맘대로 제사를 드린다.
이들은 규정된 신성한 제물도 바치지 않으며,
사제들을 대접하지도 않는다. (17.11-13)

몸의 고행은 이런 것이다.

신과 두 번 태어난 사람6)을 섬기는 것,

지혜로운 사람과 영적인 스승을 섬기는 것,

청결함과 단순함과 절제와 비폭력,

이런 것이 몸의 고행이다. (17.14)

말의 고행은 이런 것이다.

위로하는 말과 진실되게 말하는 것,

친절하고 힘을 북돋워 주는 말을 하는 것,

규칙적으로 경전을 낭송하는 것,

이런 것이 말의 고행이다. (17.15)

마음의 고행은 이런 것이다.

고요함과 부드러움과 침묵을 지키는 것,

자기를 제어하고 순수한 마음을 갖는 것,

이런 것이 마음의 고행이다. (17.16)

기질이 밝고 고요한 사람은

지극한 믿음으로, 결과에 집착하지 않고

꾸준히 이 세 가지 고행을 한다.

기질이 격정적인 사람은

다른 사람에게 보이기 위해서,

또는 존경받거나 칭찬을 듣기 위해서 고행을 한다.

이들이 하는 고행은 지속성이 없다.

상황에 따라 했다 안했다 한다.

기질이 어두운 사람은

다른 사람을 압도하는 힘을 얻기 위해서,

또는 자신의 몸을 괴롭히는 것을

수행이라고 여기는 어리석은 생각으로 고행을 한다. (17.17-19)

기질이 밝고 고요한 사람은

대가를 바라지 않고

당연히 베풀어야 한다는 생각으로 베푼다.

그들은 적당한 때, 적절한 상황에서

도움을 받아야 할 사람에게 도움을 준다.

기질이 격정적인 사람은

대가를 기대하거나 어떤 좋은 결과를 바라면서,

마지못해 보시를 한다.

기질이 어두운 사람은

때와 장소가 적절치 못한 상황에서,

적당하지 않은 사람에게, 존중하는 마음도 없이

상대방이 모욕감을 느끼도록 자선 행위를 한다. (17.20-22)

'옴', '탓', '삿'.

이 세 음절은 브라만을 가리키는 말이다.

이 세 음절로 표현되는 브라만에서

사제와 경전과 제사 의식이 나왔다.

그러므로 베다의 가르침을 따르는 이들은

제사와 수행과 보시를 시작할 때

'옴'을 음송한다.

어떤 대가도 바라지 않고

오직 자유로워지기만을 바라면서[7)]

제사와 고행과 보시를 행하는 이들은

그런 행위를 하는 도중에 '탓'을 음송한다.

'삿'은 '실재'라는 뜻과

'선(善)'이라는 뜻을 함께 가지고 있다.

그러므로 '삿'은 칭찬받을 만한 행위를 가리키기도 한다.

제사와 고행과 보시를 꾸준히 행하는 것도

'삿'이라고 하며,

제사와 고행과 보시와 관련된 다른 모든 행위도

'삿'이라고 한다. (17.23-27)

그러나 아르주나여,

믿음이 없이 행하는 제사와 고행과 보시는

'아삿'이라고 한다.

'아삿'은 아무것도 아니라는 뜻이다.

이 세상에서나 저 세상에서나

아무 쓸모가 없는 것을 '아삿'이라고 한다. (17.28)

제18장
결론
– 포기와 자유

아르주나:

오, 크리슈나여,

포기와 초연함[1]에 대해 말씀해 주십시오.

포기와 초연함은 어떻게 다릅니까? (18.1)

크리슈나:

옛 현자들의 기록에 따르면

욕망이 일으키는 행위를 포기하는 것을 '산야사'라고 하며,

행위의 결과에 대한 집착을 포기하는 것을 '티아가'라고 한다.

(18.2)

어떤 사람들은 행위란 본디 악한 것이므로

모든 행위를 포기해야 된다고 말한다.

어떤 사람들은 제사와 고행과 보시는

포기하면 안 된다고 말한다. (18.3)

아르주나여, 잘 들어라.

이제 내가 이에 관한 결론을 말해 주겠다.

초연함에는 세 종류가 있다[2]. (18.4)

제사와 고행과 보시는 현자들의 영혼을 정화시킨다.

그러므로 이 세 가지 행위는 결코 포기해서는 안 된다.

그러나 아르주나여,

이런 행위는 집착을 버리고,

대가를 바라지 않는 마음으로 행하여야 한다.

이것이 가장 중요하다. (18.5-6)

의무를 포기하는 것은 옳은 일이 아니다.

의무를 포기하는 것은 미망에 사로잡힌 결과이며,

어두운 기질에서 비롯되는 것이다.

힘들거나 고통스러울까 두려워서 행위를 피하는 것은

격정적인 기질에서 비롯되는 것이다.

이런 식의 포기로는

포기의 열매를 거두지 못한다. (18.7-8)

그러나 자기에게 주어진 의무를

당연히 하여야 할 일로 여기고,

결과에 대한 집착을 버리고 초연하게 행하는 것은

밝고 고요한 기질에서 비롯된다.

기질이 밝고 고요하여 초연함이 무엇인지를 아는 사람은
싫어하는 일이라고 해서 꺼리지 않고,
좋아하는 일이라고 해서 집착하지 않는다. (18.9-10)

육체를 가지고 있는 인간이
모든 행위를 포기하고
아무런 행위도 하지 않는다는 것은 불가능하다.
진정한 포기는
자기가 바라는 결과를 기대하는 마음,
곧 행위의 결과에 대한 집착을 포기하는 것이다.
행위의 결과를 기대하는 사람은
즐거움과 괴로움, 그리고 그 둘이 섞인
세 가지 열매를 번갈아 맛본다.
그러나 행위의 결과에 대한 집착을 포기한 사람은
행위나 행위의 결과에 얽매이지 않고
초월적 자유를 누린다[3]. (18.11-12)

아르주나여, 잘 들어라.
이제 상키야 철학[4]에서 가르치고 있는,
행위를 구성하는 다섯 가지 요소를 설명해 주겠다.
첫째, 행위가 일어나는 육체.
둘째, 행위를 하는 대리인[5].
셋째, 행위를 일으키는 기운[6].

넷째, 감각기관의 활동7).

다섯째, 앞의 넷을 통솔하는 의지력.

이 다섯 가지가

모든 행위를 구성하는 요소들이다.

옳은 행위이든 그른 행위이든,

육체나 말이나 마음으로 하는 모든 행위는

이 다섯 가지 요소로 이루어진다. (18.13-15)

행위의 이런 성격을 이해하지 못하는

어리석은 사람은

자신을 행위자라고 생각한다. (18.16)

자신을 행위자로 여기지 않는 사람은

어떤 행동을 해도 죄에 물들지 않는다.

비록 사람을 죽인다 할지라도

사람을 죽이는 죄를 범하는 것이 아니다.

그는 행위자가 아니기 때문에

자신의 행위와 그 결과에서 자유롭다. (18.17)

앎, 앎의 대상, 아는 자,

이 셋이 행위가 일어나도록 하는 원동력이며,

행위를 하는 대리인, 행위를 일으키는 기운, 감각기관의 활동,

이 셋이 행위를 완성시킨다.

물질 차원의 세 가지 기운에 따라
앎과 행위와 행위를 하는 대리인의 성격도
서로 다르게 나타난다.
이제 그것이 어떻게 다른지 말해 주겠다. (18.18-19)

모든 존재들 속에서
하나의 불멸의 실재를 보며,
분리되어 있는 만물 속에서
분리되지 않은 통일성을 보는 것,
이것이 밝고 고요한 기운에서 비롯되는 앎이다. (18.20)

만물을 서로 분리되어 있는 개체로 인식하는 것,
모든 것을 서로 다른 존재로 보는 것,
이것은 격정적인 기운에서 비롯되는 앎이다. (18.21)

아무런 근거도 없이
자기가 집착하고 있는 아주 작은 것을
전체인 줄 아는 것,
이것은 어두운 기운에서 비롯되는 앎이다. (18.22)

결과에 대한 집착이 없이
좋아하지도 않고 싫어하지도 않는 마음으로
묵묵히 자신의 의무를 행하는 것,

이것이 밝은 기운에서 비롯되는 행위이다. (18.23)

욕망을 충족시키기 위해서
또는 자신의 뜻을 관철시키기 위해서
있는 힘을 다해 노력하는 것,
이것은 격정적인 기운에서 비롯되는 행위이다. (18.24)

행위의 결과를 전혀 생각하지 않고,
다른 사람이 받을 고통이나 상처를 고려하지 않고
자신의 능력도 모르는 상태에서
닥치는 대로 행동하는 것,
이것은 어두운 기질에서 비롯되는 행위이다. (18.25)

이기심을 벗어난 사람,
행위의 결과에 집착하지 않는 사람,
그리고 성공과 실패를 똑같이 여기는 사람은
밝고 고요한 기운의 대리인이다. (18.26)

열정이 넘치는 사람,
행위의 결과를 기대하는 사람,
욕심이 많고 힘으로 무엇을 하려는 사람,
그리고 행복과 불행에 웃고 우는 사람은
격정적인 기운의 대리인이다. (18.27)

자신을 전혀 제어하지 못하는 사람,

저속하고, 완고하고, 남을 속이는 사람,

게으르고 낙담을 잘하며 꾸물거리며 미루는 사람은

어두운 기질의 대리인이다. (18.28)

아르주나여, 잘 들어라.

내 이제 그대에게

물질의 세 가지 기운에 따라 서로 다르게 나타나는

세 종류의 분별력과 의지에 대해 말해 주겠다. (18.29)

해야 할 때와 하지 말아야 할 때를 아는 것,

무엇을 해야 하고 무엇을 하지 말아야 하는지를 아는 것,

무엇을 두려워하고 무엇을 두려워하지 말아야 하는지를 아는 것,

어떻게 하면 자유롭고 어떻게 하면 굴레에 얽매이는지를 아는 것,

이런 것이 밝고 고요한 기운에서 비롯되는 분별력이다. (18.30)

옳고 그름을 구별하지 못하는 것,

해야 할 행위와 해서는 안 되는 행위를 구별하지 못하는 것,

이런 것은 격정적인 기운에서 비롯되는 분별력이다. (18.31)

무지와 미망의 어둠에 뒤덮여서

옳은 것을 그른 것으로 여기고

그른 것을 옳은 것으로 여기는 것,

모든 것을 왜곡해서 아는 것,
이런 것은 어두운 기운에서 비롯되는 분별력이다. (18.32)

꾸준한 요가 수행을 통해서
생명의 기운과 마음과 감각기관을 잘 다스리는 것,
이런 것은 밝은 기운의 의지력에서 비롯된다. (18.33)

부를 추구하며 지나치게 일에 몰두하며
행위의 결과에 집착하는 것,
이런 것은 격정적인 기운의 의지력에서 비롯된다. (18.34)

무지의 잠에서 깨어나지 못하고
게으름, 두려움, 좌절, 의기소침, 자만심 등에
깊이 빠져 있는 것,
이런 것은 어두운 기운의 의지력에서 비롯된다. (18.35)

아르주나여, 잘 들어라.
내 이제 그대에게
물질의 세 가지 기운에 따라
서로 다르게 나타나는
세 종류의 행복에 대해 말해 주겠다.
이것을 알고 훈련함으로써
그대의 슬픔과 고통은 끝이 나리라. (18.36)

밝고 고요한 기운에서 비롯되는 행복감은
처음에는 독약처럼 쓰지만
마지막에는 감로수처럼 달다.
이런 행복감은 영혼의 평온함에서 온다. (18.37)

격정적인 기운에서 비롯되는 행복감은
처음에는 감로수처럼 달지만
마지막에는 독약처럼 쓰다.
감각적인 쾌락에서 오는 즐거움이 이런 행복감이다. (18.38)

어두운 기운에서 비롯되는 행복감은
영적인 무지[8]와 게으름과 나태함에서 온다.
이런 행복감은 처음부터 끝까지
자아를 미혹하여 마음의 빛을 가린다. (18.39)

물질 차원의 세 가지 기운에서
자유로운 존재는 하나도 없다.
땅에 있는 존재나 하늘에 있는 신들이나
아무도 이 세 가지 기운에서 자유롭지 못하다.
사람은 타고난 기운에 따라 저마다 다른 의무가 있다.
브라만에게는 사제로서의 의무가,
크샤트리아에게는 통치자와 전사로서의 의무가,
바이샤에게는 일반 백성으로서의 의무가,

그리고 수드라에게는 봉사자로서의 의무가 있다. (18.40-41)

브라만 기질을 갖고 태어난 사람에게는
자기 절제, 고요, 순수함, 인내, 정직, 진리 탐구,
믿음과 같은 것을 완성할 의무가 주어져 있다. (18.42)

크샤트리아 기질을 갖고 태어난 사람에게는
용기, 힘, 꿋꿋함, 민첩함, 관대함, 지도력,
그리고 전쟁에서 결코 물러나지 않는 결단력 등을
완성할 의무가 주어져 있다. (18.43)

바이샤 기질을 갖고 태어난 사람에게는
농사, 목축, 상업 등을
성공시켜야 할 의무가 주어져 있으며,
수드라 기질을 갖고 태어난 사람에게는
다른 사람을 섬기며 봉사할 의무가 주어져 있다. (18.44)

누구나 타고난 기질에 따라
자기에게 주어진 의무에 충실함으로써
완성에 이를 수 있다.
자기에게 주어진 의무를 수행하는 것이
모든 존재 속에 머물고 있는
창조주를 섬기며 예배하는 것이다.

이런 예배를 드리는 사람은
완전한 경지에 도달한다. (18.45-46)

자기의 의무가 아닌 일을
기막히게 잘해 내는 것보다는
비록 서툴고 부족하더라도
자신의 의무에 충실한 편이 낫다.
자기의 의무를 완성한 사람은
결코 악한 결과를 맛보지 않는다.
타는 불이 연기로 뒤덮여 있듯이
인간의 모든 행위는 결함으로 뒤덮여 있기 마련이다.
그러므로 자신에게서 부족한 점이 발견된다고 하더라도
의무를 결코 포기해서는 안 된다. (18.47-48)

자기를 행위자로 여기는 마음과
욕망과 결과에 대한 갈망에서 벗어난 사람은
행위의 구속에서 완전히 벗어난다[9].
아르주나여, 잘 들어라.
내 이제 그대에게
어떻게 지혜의 궁극적인 완성에 이를 수 있는지를,
어떻게 브라만의 경지에 도달할 수 있는지를
설명해 주리라. (18.49-50)

요가 수행을 통해서

흔들리지 않는 순수한 분별력을 확립한 사람,

자기를 단호하게 제어하는 사람,

감각 대상에 대한 갈구를 포기한 사람,

정욕과 증오심을 버린 사람,

고요한 곳에서 명상적인 삶을 사는 사람,

가볍게 먹는 사람,

몸과 마음과 말을 제어하는 사람,

요가 명상을 꾸준히 수행하는 사람,

평정심을 유지하는 사람,

에고 의식과 오만함과 분노와 공격성을 벗어 놓은 사람,

사람이나 물건에 대한 소유욕을 버린 사람,

이기적이지 않은 사람,

어떤 상황에서도 흥분하지 않고 고요하고 평온한 사람,

이런 사람들은 브라만과 하나되는 경지에 이른다. (18.51-53)

브라만과 하나되어 맑고 고요해진 사람은

아무것도 갈망하지 않고

슬퍼하거나 한탄하지 않는다.

이들은 모든 존재를 평등하게 보며

자신의 모든 것을 나에게 바친다.

이들은 나에게 헌신함으로써

나와 나의 영광을 알고

내 안으로 들어온다.

이들은 나만 믿고 의지함으로써

나의 은총으로 영원한 집으로 돌아온다. (18.54-56)

아르주나여,

그대의 모든 행위가

나에게 바치는 제물이 되게 하라.

나를 그대의 유일한 보호자로 삼아라.

초월적 지혜를 닦는 요가 수행10)을 통해

마음이 나에게만 머물도록 하라.

그러면 나의 은총으로 모든 어려움을 극복하리라.

그러나 그대가 행위자라는 생각에 사로잡혀서

나를 거부한다면 허무한 파멸에 이를 것이다. (18.57-58)

만약 그대가 스스로 행위자라고 생각하여

"나는 싸우지 않겠다"고 결심해도

그대의 결심대로 되지는 않을 것이다.

그대의 타고난 본성이 그대를 싸움터로 내몰 것이기 때문이다.

그대가 가상 현실을 현실로 착각하여11)

그대가 하여야 할 일을 하지 않으려고 해도

카르마에 의해 그대가 타고난 본성의 힘이

그대의 의지를 거슬러

그대를 행위의 세계로 내몰 것이다. (18.59-60)

아르주나여,

모든 존재들의 가슴속에 머물고 계신 주는

모든 존재를 가상 현실[12] 바퀴에 넣고 돌리고 있다.

그대의 존재 전체를 바쳐 그에게 귀의하라.

그러면 그의 은총으로

영원한 집에 이르러 지고한 평화를 얻으리라. (18.61-62)

그대는 지극한 지혜의 가르침을[13] 들었다.

나에게 들은 것을 깊이 생각해 본 다음,

그대가 진정으로 하고 싶은 것을 하라.

사랑하는 자여,

그대는 나에게 정말 사랑스러운 존재이다.

그래서 이제 그대를 위해서 마지막으로

가장 비밀스러운 가르침을 전해 주려고 한다. (18.63-64)

언제 어디서나 나만 생각하고 나만 섬겨라.

그대의 모든 행위를 나에게 바치는 제물로 여겨라.

그러면 그대는 나에게 이를 것이다.

이것은 사랑하는 그대에게 주는 약속이다.

그대가 의지하고 있는 모든 것을 포기하고

나만 의지하도록 하라.

그러면 그대는 모든 죄악에서 벗어나

다시는 슬퍼하거나 탄식하는 일이 없을 것이다. (18.65-66)

나의 이 가르침을

나에게 헌신하는 마음이 없으며

자기를 제어하지 못하는 자에게 전하지 마라.

듣고자 하는 열망이 없으며 나를 비웃는 자에게는

나의 이 가르침을 절대로 전하지 마라.

이 최고의 비밀은 나를 사랑하고

나에게 지극히 헌신하는 사람에게만 전해 주어라.

나를 사랑하는 이가 이 가르침을 들으면

그는 의심하지 않고 바로 나에게 올 것이다.

나를 사랑하는 이에게 이 가르침을 전해 주는 사람은

나에게 지극히 사랑스러운 존재이다.

나를 그보다 더 기쁘게 할 사람은 없을 것이다. (18.67-69)

내가 그대에게 전한

이 성스러운 가르침에 마음을 모으고 늘 생각하는 것이

나에게 지혜의 제물을 바치는 것이다.

나는 그런 제사를 드리는 사람을 사랑한다.

비웃거나 조롱하지 않고

털끝만큼도 의심하지 않는 확고한 믿음으로

나의 가르침을 받아들이는 사람은

모든 굴레에서 벗어나

행위가 순수한 영혼들이 거하는

아름다운 세계에 들어갈 것이다. (18.70-71)

아르주나여,

나의 가르침을 주의 깊게 들었는가?

무지에서 비롯된 그대의 망상이 제거되었는가? (18.72)

아르주나:

예, 당신께서 저의 망상을 몰아내셨습니다.

당신의 은총으로 올바른 지혜를 얻었습니다.

모든 의심이 사라졌습니다.

당신의 뜻을 따르겠습니다. (18.73)

산자야:

왕이시여,

지금까지 말씀드린 것이

크리슈나와 위대한 영혼의 소유자 아르주나가 나눈 이야기입니다.

저는 이들이 나눈 놀라운 이야기를 들으면서

머리카락이 곧추서는 전율을 느꼈습니다.

저는 현자 브야사의 은총으로,

요가의 주(主) 크리슈나의 입으로부터

영적인 합일에 대한 성스럽고 지고한 비밀[14]을 들었습니다.

왕이시여,

크리슈나와 아르주나가 나눈

이 놀랍고 성스러운 대화를 기억할 때마다

저의 마음은 기쁨으로 일렁입니다.

그리고 왕이시여,

놀라운 형상으로 나타난

크리슈나의 모습을 떠올릴 때마다

기쁨과 놀라움을 금할 수가 없습니다. (18.74-77)

요가의 주(主) 크리슈나가 있는 곳에는

그리고 프리타의 아들 아르주나가 있는 곳에는

빛나는 광채와 승리와 번영과 정의가

늘 함께 할 것입니다.

저는 분명히 그러리라고 봅니다. (18.78)

각 장의 주요 내용

제1장 바가바드 기타의 배경 - 전쟁의 서막

아르주나는 몰락한 판두 왕국의 다섯 왕자 중에 셋째다. 첫째인 유디슈티라는 사촌이자 옛 판두 왕국 절반을 지배하고 있던 사촌 두료다나의 꾐에 빠져 도박으로 나라를 잃었다. 도박의 조건이었던 12년 동안의 유배 생활을 마친 다음, 유디슈티라는 자신의 나라를 돌려줄 것을 요청했다. 그러나 두료다나는 그 요청을 거절했고, 왕실 어른들의 중재도 실패로 돌아갔다. 그래서 쿠루 들판에서 사촌 형제들 사이에 전쟁이 벌어지게 되었다.

'바가바드 기타'는 이 결정적인 전투가 막 벌어지려는 찰나에 셋째인 아르주나와 크리슈나 사이에서 오간 대화로 이루어져 있다. 드리타라슈트라의 신하인 산자야가 장님인 드리타라슈트라에게 전황을 보고하면서 아르주나와 크리슈나의 대화 내용을 전하는 형식을 취하고 있다.

왕권을 되찾기 위해서 아르주나와 그의 형제들이 싸워야 할 상대는 낯모르는 외국인이 아니라 가까운 친척들이었다. 사촌 형제, 자기들을 길러 준 큰아버지, 어릴 때 자기들을 가르치고 인도해 준 스승과 친척 어른들이 싸워야 할 상대였다.

아르주나는 오랫동안 부당한 대우를 받은 큰형 유디슈티라가 쿠루 왕가의 적법한 후계자이며, 그를 위해 왕권을 되찾기를 바랐다. 그러나 아르주나는 친척 사이의 전쟁이 얼마나 비참할 것인가 그 결과를 내다보며 번민한다. 그래서 그는 격전이 시작되기 직전, 그날 아침에 크리슈나에게 고뇌에 찬 질문을 던진다.

"크리슈나여! 도대체 삶이 무엇이기에 이런 전쟁을 해야 된단 말입니까?"

'바가바드 기타'는 이 질문에 대한 크리슈나의 대답이다.

제1장에서 양편 군대의 배치 상황과 전투 준비를 하는 모습을 사실적으로 묘사함으로써, 우리는 마치 돌풍이 휘몰아치기 직전의 전쟁터에 현장에 있는 듯한 느낌을 갖게 된다. 제2장부터는 크리슈나의 가르침이 시작되면서 철학적이고 영적인 세계에 대한 대화가 전개된다.

번역자들마다 다르게 붙인 제1장의 제목은 다음과 같다.

'아르주나의 번민' '내면의 전쟁' '아르주나의 슬픔' '의기소침해진 아르주나' 등.

제2장 바가바드 기타 전체 가르침의 개요

* 몸을 입은 한 영혼이 소년의 몸과 젊은이의 몸과 늙은이의 몸을 거 치듯 죽은 다음에는 죽은 다음의 몸을 입는다.
* 사람은 감각 대상과의 접촉에 의해 차가움과 뜨거움, 즐거움과 괴 로움을 경험한다. 그러나 이런 경험은 일시적인 것이다.
* 실재가 아닌 일시적인 것은 존재하는 것이 아니다.
* 몸을 입은 자, 곧 참나 아트만은 죽이지도 않고 죽임을 당하지도 않는다.
* 피할 수 없는 것에 대해서 근심하지 마라.
* 실천의 길, 곧 요가 수행의 길에서는 어떤 노력도 결코 헛되지 않 다.
* 성공과 실패에 연연해하지 말고, 합일 상태에 머무는 흔들리지 않 는 요가 수행을 하면서 자신의 다르마를 수행하라.
* 직관적인 식별력을 갈고닦은 지혜로운 사람은 끊임없는 윤회의 원인이 되는 행위의 결과에 대한 집착을 포기한다.
* 감각의 대상으로 향하던 감각을 완전히 거두어들일 때 흔들리지 않는 의식에 이른다.

번역자들마다 다르게 붙인 제2장의 제목은 다음과 같다.

'상키야 요가' '상키야 이론과 요가 훈련' '참나 깨달음' '밝아진 사 람' '지적으로 탐구하는 요가' 등.

제3장 초월적 자유에 이르는 행위

- 이 물질세계에서는 사람은 누구나 어떤 행위든지 행위를 하게 되어 있다. 그러나 이 세상에 속박되는 결과를 가져오는 행위가 있고, 어디에도 속박되지 않는 행위가 있다.
- 행위의 결과를 목적으로, 거기에 집착한 상태에서의 행위는 하나의 행위가 다음 행위의 원인이 되는, 희로애락이 반복되는 환생의 쳇바퀴에 구속되게 만든다.
- 반면에 결과에 집착하지 않고 자신의 의무, 그저 할 일을 하는 행위는 자유에 이르게 한다.
- 결과에 집착하지 않고 행위하는 훈련을 통해서 초월적 자유에 이르는 길을 '카르마 요가', 곧 '행위의 요가'라고 한다.
- 행위에 임하는 자세에 따라 어떻게 다른 상태에 이르게 되는지에 대한 가르침.

번역자들마다 다르게 붙인 제3장의 제목은 다음과 같다.
'카르마 요가' '이기심 없는 섬김' '일하는 방식' 등.

제4장 초월적 자유에 이르는 앎

- 크리슈나는 자신은 영원한 존재이며, 세상에서 진리가 쇠퇴할 때 마다 세상을 구하기 위해 인간의 몸을 입고 수없이 환생했다고 밝힌다.
- 참나 아트만은 어떤 행위에도 영향을 받지 않는다.
- '행위'와 '행위하지 않음'에 대해서.
- 마땅히 하여야 할 일과 해서는 안 되는 일에 대해서.
- 결과나 대가를 기대하고 행위하는 사람은 행위를 하는 동안에도 자신이 하는 행위에 얽매이고, 행위가 끝난 다음에도 행위의 결과에 종속된다. 하지만 결과나 대가를 기대하지 않고, 마땅히 하여야 할 일이기에 그저 행하는 사람은 행위와 행위의 결과 모두에서 자유롭다.
- 예배와 제사인 야즈나에 대한 가르침.
- 크리슈나는 제3장에서 행위의 길에 대한 가르침을 주었다. 그런데 제4장 33절 이하에서는 행위의 길을 가는 목적이 지혜와 깨달음에 이르는 것임을 밝힌다. 모든 행위의 수련과 제사의 목적은 깨달음과 자유에 도달하는 데 있다.

번역자들마다 다르게 붙인 제4장의 제목은 다음과 같다.
'앎의 종교' '지혜로운 행위' '앎을 통한 행위의 포기' '앎을 통해 행위의 포기를 훈련하는 요가' 등.

제5장 행위의 포기와 자유

* 일상적인 삶을 포기하고 수행자가 되는 길과 세속적인 생활을 하면서도 집착하지 않는 훈련을 하는 길.
* 행위의 길의 핵심은 결과에 집착하지 않고 행위하는 것이다. 이기적인 욕망이 없이, 대가를 바라지 않고 행하는 사람은 영혼이 더러워지거나 손상되지 않는다.
* 내면에 머물고 있는 참나 주인공은 행위자가 아니다. 또 참나 주인공은 행위의 결과에 영향을 받지 않는다.
* 요가 수행법과 명상의 가장 깊은 단계인 사마디[삼매(三昧)]에 대한 설명.

번역자들마다 다르게 붙인 제5장의 제목은 다음과 같다.
'행위의 열매를 포기하는 종교' '포기와 기쁨' '포기를 훈련하는 요가' '카르마 요가' 등.

제6장 명상의 길

- '누가 진정한 요가 수행자인가?'라는 질문에 대한 대답.
- 행위의 결과에 관심을 두지 않고 해야 할 행동을 하는 사람이 진정한 포기자이며 요가의 목표를 이룬 사람이라는 가르침.
- 내적이며 관조적인 명상의 길에 대한 설명.
- 마음과 모든 감각을 참나 아트만에 집중하라는 가르침.
- 명상을 위해 어떤 준비를 해야 하는가에 대한 설명.
- 명상할 때 몸의 자세가 어떠해야 되는지에 대한 간단한 언급.
- 명상의 목표에 도달하려면 극단적인 금욕이나 극단적인 방종을 피하고 적당함을 지켜야 한다는 가르침.
- 수행자의 길에 들어섰다가 중도에 포기한 사람의 운명에 대한 설명.

번역자들마다 다르게 붙인 제6장의 제목은 다음과 같다.

'디야나 요가' '자기를 제어하는 종교' '명상 수행' '명상 수행 요가' '진정한 요가' 등.

제7장 현상 세계와 궁극적인 실재

• 현상 세계 배후에 있는 궁극적인 실재에 대한 깨달음.

• 크리슈나는 현상적인 본성과 초월적 본성을 함께 지니고 있다.

• 신적인 정신인 푸루샤와 현상계의 근본 질료인 프라크리티에 대한 설명.

• 이 세상이 크리슈나의 유희로 창조되었다는 가르침.

• 현상 세계는 마야, 곧 가상 현실이고 이 배후에는 현상에 종속되지 않는 놀이하는 자 크리슈나가 있음을 체험적으로 아는 것이 깨달음이다.

• 가상 현실[마야]은 만물을 구성하고 있는 세 가지 기본적인 기운인 구나들의 활동으로 나타난다.

• 가상 현실[마야]을 실재인 것처럼 착각하는 미혹 또는 망상에서 벗어나지 못하면 거듭하여 마야의 세계에 태어난다.

번역자들마다 다르게 붙인 제7장의 제목은 다음과 같다.

'지혜와 깨달음' '깨달음의 종교' '깨달음에서 오는 지혜' '신과 세상' '이론적인 앎과 체험적인 깨달음' 등.

제8장 우주의 전개 과정과 죽음

* 브라만, 아트만, 카르마, 야즈나[제사] 등에 대한 질문과 대답.
* 죽는 순간에 어떻게 하여야 해탈하게 되는지에 대한 비밀스러운 가르침.
* 우주의 생성과 소멸 주기에 대한 설명.
* 죽음 이후 영혼의 여행에 대한 가르침.

번역자들마다 다르게 붙인 제8장의 제목은 다음과 같다.

'우주의 전개 과정' '영원한 신성' '불멸자 브라만' '지고한 분께 헌신하는 종교' 등.

제9장 헌신의 비밀

- 크리슈나는 모든 존재들 속에 머물고 있지만 현상적인 존재에 종속되어 있지 않다는 가르침.
- 크리슈나가 만물의 알파요 오메가라는 가르침.
- 베다 경전이 지시하는 대로 제사를 드리고 신을 섬기는 것만으로는 영적인 완성에 이르지 못한다는 가르침.
- 모든 생명의 궁극적인 목적은 지고한 존재를 깨닫고 그와 하나되어 그의 차원에 머무는 것이라는 가르침.
- 영혼은 이 목적에 도달할 때까지 거듭 태어나면서 자신을 정화해 나간다.
- 무엇을 하든지 자기가 하는 행위를 신께 바치는 제물이라고 생각하고 하는 사람은 하나의 행위가 다음 행위를 낳는 카르마의 속박에서 벗어난다는 가르침.
- 만물을 창조하고 자신이 창조한 만물 속에 머물고 있는 신을 진심으로 사랑하고 그에게 헌신하면 인생의 궁극적인 목표에 이르게 된다는 가르침.

번역자들마다 다르게 붙인 제9장의 제목은 다음과 같다.
'고귀한 길' '고귀한 지혜와 신비' '최고의 비밀' '가장 은밀한 비밀' 등

제10장 신성의 현현

· 크리슈나는 자신의 신적인 본질을 밝힌다.

· 머리로는 크리슈나의 진정한 본성을 파악하지 못한다. 그는 오직 아는 자와 알려지는 대상이 하나가 되는 사마디 상태에서만 알 수 있다.

· 크리슈나는 모든 존재의 참나 아트만이다

· 크리슈나는 세상을 유지하고 지탱하는 자비로운 주(主) 비슈누이다.

· 크리슈나는 모든 지식 가운데서 가장 근본이 되는 참나 아트만에 대한 앎이다.

· 크리슈나의 더 놀라운 말은 아르주나가 자기라고 한다.

· 크리슈나는 모든 존재가 자기이며, 자기 아닌 것이 하나도 없다고 선언한다.

· 모든 것을 빠짐없이 다 아는 것이 중요한 것이 아니다. 크리슈나의 파편 한 조각만으로도 온 우주가 가득 차고, 사라지지 않고 유지된다는 것만 알면 그것으로 충분하다.

번역자들마다 다르게 붙인 제10장의 제목은 다음과 같다.
'성스러운 완전함의 종교' '성스러운 광채' '신의 내재와 초월' 등.

제11장 우주의 주, 그의 장엄한 형상

• 크리슈나는 아르주나의 요청을 받아들여 자신의 장엄한 모습을 보여 준다.
• 아르주나는 사마디 상태에서 모든 존재들이 크리슈나 안에 있는 기이하고 장엄한 광경을 본다.
• 아르주나는 크리슈나가 내뿜는 불길이 온 세상을 집어삼키는 광경을 보며 두려움에 떤다.
• 크리슈나는 자기는 만물을 파괴하는 '시간'이라고 한다.
• 크리슈나는 흔들리지 않는 헌신을 통해서만 자기와 하나될 수 있으며, 행위의 결과에 집착하지 않고 신이 부여한 일을 하는 사람만이 자신의 존재 속으로 들어올 수 있다고 말한다.

번역자들마다 다르게 붙인 제11장의 제목은 다음과 같다.
'우주적인 비전' '우주적인 형상의 비전' '주(主)의 변화하는 형상' '그분의 여러 모습' 등.

제12장 헌신의 길

- 이 장의 주제는 사랑과 헌신이다.
- 크리슈나는 지혜의 길과 대비하여 헌신의 길을 가장 완벽한 길이라고 강조한다.
- 지혜의 길을 가려면 타고난 정신적인 능력이 있어야 하지만 사랑과 헌신의 길은 마음만 먹으면 누구나 따를 수 있다.
- 크리슈나는 사랑과 헌신에 몰두할 수 없다면 다른 수행을 규칙적으로 행하라고 권면한다.
- 수행마저도 규칙적으로 행할 수 없다면 행위의 결과에 집착하지 않고 행위하는 연습을 하라고 한다.
- 행위의 결과에 집착하지 않는 것이 진정한 포기이며, 이런 포기를 통해 평화에 이른다고 말한다.
- 진정으로 신을 사랑하는 사람의 특성에 대한 묘사가 나온다.

번역자들마다 다르게 붙인 제12장의 제목은 다음과 같다.
'박티 요가' '믿음의 종교' '사랑의 길' '헌신 요가' '헌신과 명상' 등.

제13장 물질과 신적인 정신

- '들판'과 '들판을 아는 자', 곧 현상계와 현상계 안에 머물고 있는 영원한 신적인 정신에 대한 가르침.
- 현상이 모두 '들판'에서 일어나는 일이며, 그 배후에는 들판을 경작하며 그것을 즐기는 '아는 자'가 있다는 것이다.
- 들판과 들판의 구성 요소와 변화를 아는 사람의 삶은 조화롭다.
- 브라만은 현상계 배후에서 활동하고 있는 현상계의 근원이자 토대이다. 이 브라만이 '들판을 아는 자'이며, 모든 존재의 참나 아트만이다.
- 현상계의 창조와 변화는 프라크리티와 그 배후에 존재하고 있는 신적인 정신인 푸루샤의 합작품이다.
- '들판을 아는 자'인 참나 아트만은 들판의 변화에 영향을 받지 않는다.
- 현상계의 만물이 태어남과 죽음을 반복하며 변화하고 있지만, 소멸되어 가는 것들의 가슴속에 머물고 있는 '아는 자'는 태어나지도 죽지도 않으며 영원히 자신의 상태에 머문다.

번역자들마다 다르게 붙인 제13장의 제목은 다음과 같다.

'물질과 신적인 정신의 구별' '들판과 들판을 아는 자' '들판과 들판을 아는 자의 차이' '자연, 즐기는 자, 그리고 신적인 의식' 등.

제14장 현상 세계를 움직이는 세 기운

- 크리슈나는 현상계의 변화를 프라크리티의 세 기운인 사트바 구나, 라자스 구나, 타마스 구나의 활동이라고 설명한다.
- 영원히 변하지 않고 현존하는 참나 자리에 들어간 사람은 이 세 가지 구나의 활동에 영향을 받지 않는다.
- 그러나 깨달음을 얻기 전까지는 모든 존재가 구나들의 영향력에서 벗어나지 못한다.
- 사트바 구나는 맑고, 고요하고, 밝고, 가볍고, 조화로운 기운이다.
- 라자스 구나는 열정적이고 활동적인 기운으로 분노, 증오, 탐욕 등으로 표현될 수 있다.
- 타마스 구나는 어둡고, 무겁고, 무기력한 기운이다.
- 모든 존재는 이 세 가지 기운의 결합으로 나타나고 변화한다. 세 기운 사이의 우세와 열세의 변화는 끊임없이 일어난다. 따라서 현상계는 한순간도 고정된 순간이 없다. 이것이 프라크리티의 본성이다.
- 진정한 해탈은 프라크리티 세계 너머에 있는 푸루샤 영역으로 들어가야 맛볼 수 있다.
- 변함없는 사랑으로 크리슈나에게 헌신하는 사람은 프라크리티 영역의 세 기운의 영향력을 벗어나 영원한 브라만에 이른다.

번역자들마다 다르게 붙인 제14장의 제목은 다음과 같다.

'모든 존재의 신비한 아버지' '우주를 전개시키는 힘' '물질계의 세 가지 양태' '세 구나의 구별' 등.

제15장 생멸과 불멸을 초월한 참나

- 브라만과 현상계가 어떤 관계가 있는가를 거꾸로 서 있는 나무를 예로 들어 설명한다.
- '우파니샤드'에서는 궁극적인 실재인 브라만을 '탓(Tat)'이라고 한다. '탓'은 '그것'이라는 뜻인데, 궁극적인 실재를 인간의 언어로는 도저히 표현할 수 없기 때문에 그렇게 부른 것이다. 크리슈나는 '그것이 살고 있는 집'이라는 표현을 쓴다(번역에서는 '영원한 그 집'). 크리슈나는 그 집이 자기가 머물고 있는 영원한 거주처라고 하면서, 그 집이 모든 인생의 목표라고 말한다.
- 크리슈나의 영원한 거주처인 이 집은 현상계의 빛을 초월한 빛의 세계이다.
- 크리슈나는 자기가 생명의 기운 프라나라고 말한다.
- 크리슈나는 '깨달음이 다르마의 완성'이라고 선언한다. 행위든, 수행이든, 헌신이든 마지막 목표는 깨달음, 곧 자신의 참나 아트만 자리에 들어가는 것이다.

번역자들마다 다르게 붙인 제15장의 제목은 다음과 같다.

'생명나무' '지고한 크리슈나에 이르는 종교' '지고한 참나' '지고한 푸루샤에 이르는 요가' '지고한 신적인 정신에 이르는 훈련' 등.

제16장 신적인 길과 악마적인 길

* 깨끗한 마음으로 수행의 길을 가면서 신실하게 신을 섬기는 사람
  은 타고난 자신의 신적인 성품을 완성한다.
* 신이나 진리나 영적인 법칙 같은 것은 없다고 하면서 동물적인 본
  성을 따라가는 사람은 악마적인 길을 가는 사람이며, 이들은 거듭
  해서 악마의 자궁 속으로 들어가다가 마지막에는 어두운 지옥에
  떨어진다.
* 신적인 성품은 영원한 자유로 인도하지만 악마적인 속성은 속박
  의 원인이 된다.
* 욕망과 분노와 탐욕은 스스로를 파멸의 지옥으로 던져 넣는 세 문
  (門)이다.
* 경전의 가르침을 따라, 하여야 할 것과 하지 말아야 할 것이 무엇
  인지 삶의 기준을 정확히 정하고 그 기준에 따라 살아라.

번역자들마다 다르게 붙인 제16장의 제목은 다음과 같다.
'신적인 속성과 악마적인 속성' '두 길' '신적인 자질과 악마적인 자
질을 구별하는 요가' '데바와 아수라의 운명을 구별하는 요가' '신적인
것과 신적이지 않은 것의 구별' 등.

제17장 세 종류의 믿음

* 모든 존재는 타고난 기질에서 비롯되는 나름대로의 믿음을 가지고 있다.
* 믿음은 그 사람의 기질을 닮는다.
* 사람의 특성은 그가 가지고 있는 믿음이 그 특성이다.
* 기질이 밝고 고요한 사람은 천상의 신들을 숭배한다.
* 기질이 격정적인 사람은 재물을 관장하는 신인 야크샤와 권력과 쾌락의 충동에 사로잡혀 있는 영인 아크샤를 섬긴다.
* 기질이 어두운 사람은 죽은 자의 영과 귀신을 섬긴다.
* 기질과 믿음에 따라 좋아하는 음식이 다르고, 제사드리는 태도와 방식도 다르며, 수행하는 태도가 다르며, 베푸는 태도 역시 다르다.
* 진정한 고행이 무엇인지에 대한 가르침.

번역자들마다 다르게 붙인 제17장의 제목은 다음과 같다.
'믿음의 종류' '믿음의 힘' '세 종류의 믿음을 구별하는 요가' 등.

제18장 결론 - 포기와 자유

- 욕망이 일으키는 행위를 포기하는 '산야사'와 행위의 결과에 대한 집착을 포기하는 초연함인 '티아가'에 대한 설명.
- 행위의 결과에 대한 집착을 포기한 사람은 행위나 행위의 결과에 얽매이지 않고 초월적 자유를 누린다.
- 행위를 구성하는 다섯 가지 요소에 대한 설명.
- 자신을 행위자로 여기지 않는 사람은 어떤 행동을 해도 죄에 물들지 않는다.
- 기운에 따라 기질이 다르고 기질에 따라 앎, 행위, 분별력, 의지력, 행복감 등이 다르다.
- 네 종류의 카스트 기질에 따라 완수해야 할 의무가 다르다.
- 자기의 의무가 아닌 일을 기막히게 잘해 내는 것보다는 비록 서툴고 부족하더라도 자신의 의무에 충실한 편이 낫다.
- 자기의 의무를 완성한 사람은 결코 악한 결과를 맛보지 않는다.
- 가르쳐 준 최고의 비밀은 나를 사랑하고 나에게 지극히 헌신하는 사람에게만 전해 주어라.

번역자들마다 다르게 붙인 제18장의 제목은 다음과 같다.

'결론 - 포기의 완성' '포기와 해방의 종교' '포기와 자유' '포기를 통해 해탈에 이르는 요가' 등.

'바가바드 기타'에 대하여

이 해제는 에저튼(Franklin Edgerton), 이스와란(Eknath Easwaran), 프라바바난다
와 이셔우드(Swami Prabhavananda & Christopher Isherwood), 라다크리슈난(S. Rad-
hakrishnan)의 해설을 참고해서 정리한 것임을 밝힙니다.

1. '바가바드 기타'는 어떤 책인가?

'바가바드 기타'는 700구절로 된 종교적인 내용의 시집이다. 글자
그대로의 뜻은 '거룩한 분의 노래', 곧 '신의 노래'라는 뜻이다. 힌두교
에서 종파를 가리지 않고 가장 널리 읽히는 책이며, 인도의 복음서라
고 할 수 있다. '바가바드 기타'는 예로부터 긴 세월을 두고 인도의 정
신적 · 문화적 · 정치적 생활에 큰 영향을 주었고, 지금도 그러하다. 인
도의 정신적 · 영적 지도자 중에서 번역이나 해설서 한 권 남기지 않은
사람이 거의 없을 정도다.

'바가바드 기타'는 어떤 개인이나 특정한 학파의 사유 체계를 보여
주는 논문이 아니다. '우파니샤드'에서 많은 영감을 이끌어 오고 있으
며, 또한 '베다'의 권위도 무시하지 않는다. 이것은 '바가바드 기타'가
인도의 다양한 정신적 전통을 무시하고 새로운 어떤 것을 주장한 것
이 아니라, 오히려 그 시대에 다양한 형태로 존재하고 있던 영적 · 사
상적 전통을 긍정하고 그것을 종합하여 새로운 비전을 제시했다는 것
을 뜻한다.

'바가바드 기타'는 요가의 경전이다. 제18장에서는 크리슈나를 '요
가의 주(主), 즉 요게스바라(Yogeśvaras)'라고 부른다. 브라만을 체험하는

초월적 의식 상태를 사마디 또는 요가라고 하는데, 요가는 '합일'이라는 뜻을 가지고 있다. 크리슈나가 아르주나에게 전해 주고자 한 것이 바로 요가였다. 따라서 '바가바드 기타' 전체가 여러 종류, 여러 단계의 요가에 대한 가르침이라고 할 수 있다.

'바가바드 기타'를 '우파니샤드' 가운데 하나로 분류하는 전통이 있다. '우파니샤드'는 방대한 '베다' 문헌의 일부를 이루는 문서인데, '베다'는 특징에 따라서 다음과 같이 구분된다.

상히타: 대부분 신에 대한 찬가와 만트라[呪文]로 이루어져 있는데, '베다'의 중심이 되는 본집(本集)이다.

브라마나: '상히타'에 나오는 찬가와 만트라의 의미와 사용법을 설명한 책이다. 이를테면 사제들의 지침서[祭禮書]다.

아라냐카: 숲에 들어가 은거하기 때문에 공식적인 제례에 참여할 수 없는 수행자들을 위해 '상히타'에 나오는 찬가와 만트라를 상징적으로 사용하는 방법을 설명한 책이다. 그래서 '숲의 책[森林書]'이라고도 부른다. 상징 문제를 다루고 있기 때문에 철학적 성격이 강하다.

우파니샤드: '상히타'와 '브라마나'와 '아라냐카'에 나오는 모든 찬가와 만트라, 그리고 제례 행위의 철학적인 근거를 확립하려는 노력의 결과로 만들어진 책이다. 베다 전통의 마지막(Veda-anta)이라는 뜻에서 흔히 '베단타(Vedanta)'라고 부르는데, 이때 '마지막'은 단순히 순서상 끝이라기보다는 베다의 정수 또는 베다의 결정체라는 뜻이다.

'바가바드 기타'에는 '베다'의 제사 의식에 대한 가르침, '우파니샤드'의 초월적인 브라만에 대한 가르침, 바바바타 종교의 유일신에 대한 가르침, 상키야 철학의 푸루샤와 프라크리티에 대한 가르침, 요가의 합일에 대한 가르침 등이 조화를 이루고 있다. 또 몇 사람에게만 은밀히 전수된 비밀의 책도 아니다. 사회적·문화적 지위와 영적인 수준이 서로 다른 많은 사람들이 저마다 '바가바드 기타'의 도움을 받았고 또 받고 있다. '바가바드 기타'는 이렇게 대중적인 책이다. 그래서 시대와 종파를 가리지 않고, 많은 사람들에게 읽히고 영향을 주는 보편성을 가지게 되었다.

'바가바드 기타'가 성립된 연대에 대한 학자들의 견해는 저마다 다르다. 하지만 대충 B.C. 4, 5세기 무렵이라는 데에는 큰 이견이 없다 (어떤 사람은 B.C. 2, 3세기 설을 주장하기도 한다). 그리고 대서사시인 '마하바라타'의 제6권 가운데 일부분이다. 하지만 내용상 하나의 독립된 경전으로 취급하여 따로 읽는 관습이 있다. 저자가 누구인지는 정확하게 알 수 없다. '마하바라타'의 편찬자인 성자 브야사(Vyasa)가 아닐까 추측하는 정도다.

'마하바라타'에는 '바가바드 기타'의 무대가 되는 전쟁이 일어나게 된 역사적 배경이 자세히 나온다. 그걸 간단히 요약해 보자.

하스티나프라에 자리 잡은 쿠루족의 왕권은 드리타라슈트라에게 계승되게 되었다. 하지만 그는 장님이었다. 관례에 의하면 장님은 통치자가 될 자격이 없었다. 그래서 그의 동생 판두가 왕이 되었다. 하지만 판두는 왕국을 포기하고, 처자식을 데리고 히말라야로 들어가 은둔 생활을 하였다.

왕좌는 드리타라슈트라가 임시로 넘겨받았다. 판두가 죽었을 때 그의 다섯 아들, 유디슈티라, 비마, 아르주나, 나쿨라 그리고 사라데바는 아직 어렸다. 그래서 하스티나프라의 왕궁으로 돌아가 큰아버지 드리타라슈트라의 보호를 받으며 양육되었다. 판두의 아들들은 경건하고 영웅적인 용기를 가진 젊은이로 성장했다. 그리고 유디슈트라가 성년이 되었을 때, 쿠루 왕가의 정식 후계자로 책봉되었다.

그러자 임시로 왕권을 행사하고 있던 드리타라슈트라의 맏아들 두료다나가 그들을 질투하게 되었고, 급기야 살해할 음모를 꾸민다. 두료다나는 판두의 아들들이 머물고 있는 궁궐에 불을 질렀다. 하지만 판두의 다섯 아들과 그들의 어머니 쿤티 왕비는 밀고자의 도움으로 무사히 도망쳤다.

두료다나는 그들이 다 죽은 줄 알았다. 죽음에서 탈출한 판두의 아들들은 종교 수행자처럼 변장하고, 갖가지 위험과 고난을 겪으면서 이곳저곳을 떠돌았다.

세월이 흐른 어느 날, 그들은 이웃 나라 왕이 공주의 배필을 뽑는다는 말을 들었다. 공주를 아내로 얻어 그 나라 왕의 사위가 되기 위해서는 굉장히 강한 활을 당겨서 아주 작은 목표를 명중시켜야 했다.

아르주나는 뛰어난 궁수였다. 그래서 판두의 아들들은 그 시험에 참가하기로 결정하고, 수행승처럼 변장하고 성으로 들어갔다. 왕의 사위가 되려는 구혼자들이 인도 전 지역에서 모여들었다. 두료다나도 그 속에 있었다. 그러나 그 시험에서 모든 사람이 다 떨어져 나가고 판두의 셋째 아들인 아르주나만 남았다. 그는 힘들이지도 않고 활을 당겨 목표물을 맞추었고, 공주 드라우파디는 그에게 승리의 화관을 씌워 주었다.

판두의 다섯 아들은 드라우파디를 데리고 어머니 쿤티가 기다리고 있는 숲속으로 들어갔다. 그들은 기쁨에 들떠 한목소리로 외쳤다.

"어머니, 우리가 아주 놀라운 보물을 얻어 왔어요."

"오, 그러냐. 얘들아 부디 똑같이 나눠 갖도록 하거라."

이렇게 대답하고 나서 돌아보자 아리따운 소녀가 서 있었다. 쿤티는 말문이 막혔다.

"아이구 이런, 내가 도대체 무슨 말을 했지!"

그러나 이미 엎지러진 물. 어머니의 말은 그들에게 어길 수 없는 거룩한 것이었다. 그래서 드라우파디는 판두의 다섯 아들과 결혼하여 그들의 공동 아내가 되었다. 그는 다섯 형제 각각에게서 아들 한 명씩을 낳았다.

드리타라슈트라와 두료다나는 판두의 아들들이 살아 있을 뿐만 아니라 결혼을 통해 강한 나라의 왕과 결탁하게 된 사실을 알았다. 두료다나는 사촌인 판두의 아들들을 계속 질투했다. 하지만 성품이 어질었던 드리타라슈트라는 판두의 다섯 아들을 불러 자기 왕국 절반을 나누어 주었다. 판두의 아들들은 야무나강 유역에 있는 황무지를 분배받았다. 그러나 그들은 그곳을 개척하여 훌륭한 도시를 건설하고, 맏형인 유디슈티라를 왕으로 세웠다.

판두의 아들들이 다스리는 나라는 점점 더 번성해 갔으며, 그에 따라 그들에 대한 두료다나의 질투와 증오심도 점점 더 커졌다. 그는 판두의 아들들을 파멸시킬 또 다른 흉계를 꾸몄다. 판두 형제의 맏이인 유디슈티라 왕은 좋은 사람이었지만 도박을 즐기는 한 가지 약점이 있었다.

두료다나는 유디슈티라 왕이 노름을 하자고 하면 당연히 수락하리라는 것을 알고, 사기 도박꾼인 사쿠니를 시켜 노름을 하도록 했다. 유디슈티라는 노름을 할 때마다 졌다. 전 재산을 날리고, 다음에는 자신의 나라를 날리고, 마지막에는 자기 동생들과 아내 드라우파디, 그리고 자기 자신까지 걸고 노름을 했지만 모두 패했다.

결국 판두의 아들들은 두료다나의 노예가 되어 온갖 모욕과 학대를 받게 되었다. 그 꼴을 보다 못한 드리타라슈트라의 중재로 판두의 아들들은 자유의 몸이 되었고 왕국도 돌려받았다.

하지만 두료다나의 집념은 대단했다. 그는 아버지 드리타라슈트라를 졸라 다시 한 번 도박을 할 수 있도록 허락을 받았다. 지는 사람은 자기 왕국을 내놓고 숲속으로 들어가 12년을 지내야 하며, 12년이 지난 다음 1년 동안은 성안에 들어와 살되 들키지 않아야 한다. 만약 들키면 다시 12년 동안 숲속에서 지내야 한다는 것이 도박의 조건이었다.

유디슈티라는 이번 도박에서도 또 졌다. 그래서 판두의 다섯 아들은 숲속으로 추방당했다. 그러나 그들은 그 불행을 기회로 삼아 영적인 수행을 하면서 영웅적인 용기와 힘을 닦았다.

온갖 우여곡절을 겪으면서 13년의 유배 기간을 다 채운 다음, 유디슈티라는 자신의 왕국을 돌려 달라고 요청했다. 그러나 두료다나는 나라를 돌려주기를 거부했다. 왕실 어른들이 중재에 힘썼으나 소용이 없었다. 그리하여 사촌 형제 사이에 전쟁이 불가피하게 되었다.

이웃에 있는 나라들도 두 편으로 갈려 차츰 이 싸움에 끼어들어 나중에는 인도 전체가 전쟁의 소용돌이에 휘말리게 되었다. 쿠루 들판에서 벌어진 이 전쟁은 18일 동안 치열하게 계속되었고, 전쟁이 끝났을 때엔 판두의 다섯 아들과 크리슈나 외에는 이렇다할 만한 족장은 한 사람도 살아남지 못했다.

'바가바드 기타' 안에서 말을 하는 사람은 드리타라슈트라, 산자야, 아르주나, 크리슈나 이렇게 네 명뿐이다. 드리타라슈트라 왕은 소경이었다. '바가바드 기타'의 성립에 관련된 이런 전설이 있다. 현자 브야사가 쿠루 들판의 전쟁을 볼 수 있도록 드리타라슈트라의 눈을 뜨게 해주겠다고 했다. 하지만 드리타라슈트라는 거절했다. 친족의 죽음을 차마 볼 수 없었기 때문에 그랬다고 한다. 그래서 브야사는 드리타라슈트라 왕의 마부인 산자야에게 천리안과 천이통 능력을 주었다. 산자야는 그 능력으로 멀리서 일어나고 있는 전쟁 상황을 자기가 보고 들은 대로 왕에게 보고했다. 산자야는 보고하는 중간중간에 가끔 자기의 생각도 끼워 넣었다. '바가바드 기타'는 이렇게 해서 탄생되었다고 한다.

사람들은 크리슈나를 '인도의 그리스도'라고 한다. '바가바드 기타'와 그 밖에 크리슈나와 관련된 설화를 보면 나사렛 예수의 생애와 비슷한 부분이 놀랄 만큼 많다. 기독교 전통에 서 있는 사람들은 이런 사실을 무시하고 싶은 마음이 들겠지만, 사실은 사실이다. 더욱 유념해야 될 것은 인도의 크리슈나가 나사렛 예수보다 시대가 앞선다는 점이다. 엄밀하게 말하자면 크리슈나가 '인도의 그리스도'가 아니라 예수가 '팔레스타인의 크리슈나'인 셈이다.

물론 크리슈나의 역사적 실존에 관해서는 여러 가지 견해가 있다. 하지만 이 점은 예수의 경우에도 마찬가지다. 그러나 영적인 진리를 찾기 위해 '바가바드 기타'나 복음서를 읽는 사람에게는 역사적인 과거의 크리슈나나 과거의 예수 문제가 그리 중요하지는 않다. 그들의 가르침이 궁극적인 진리이며, 그들의 정신이 지금도 살아 있다면, 그들은 지금도 현존하고 있는 것이기 때문이다. 사람을 육체가 아니라 정신으로 본다면 그들은 지금도 살아 있는 존재라는 말이 결코 틀린 말은 아니다.

2. 브라만과 아트만

'바가바드 기타'는 특정한 형이상학적 견해를 지지하는 어떤 논증도 전개하지 않는다. 유일하고 보편적인 실재는 체험을 통해서 경험할 수 있을 뿐, 이론으로 입증할 수 없기 때문이다. 그럼에도 불구하고 '바가바드 기타'는 다른 힌두교 문헌과 마찬가지로 브라만(Brahman)과 아트만(Atman)을 토대로 하는 분명한 우주론 위에 서 있다.

브라만은 우주의 중심이자 우주 전체에 깃들어 있는 보편적 실재다. 브라만은 총체적인 신성(神性)이며, 말로는 도저히 설명할 수 없다. '우파니샤드'는 브라만을 사치드아난다(sat-chit-ananda; 존재-의식-지복)라고 일컫는다. 하지만 존재니 의식이니 지복이니 하는 말도 브라만의 성질을 가리키는 말은 아니다. 성질을 나타내려면 그와 비슷하거나 반대되는 상대물이 있어야 하는데, 브라만은 절대이며 전체이기 때문에 그런 상대물이 없다. 그러므로 브라만의 성질을 이렇다 저렇다 말할 수가 없다.

인도 사람들은 전통적으로 '이것도 아니고, 저것도 아니다(네티, 네티)'라는 부정을 통해 브라만에 도달하려고 했다. 물질과 정신세계의 모든 것을 다 부정하고 난 다음에도 끝까지 홀로 남아 있는 '그 무엇'을 브라만이라고 했다.

브라만은 생명이 있는 존재든 없는 존재든 모든 존재 속에 현존하고 있는 보편적인 실재다. 이것을 신성(神性)이라고 부른다면, 만물 속에 신성이 현존하고 있다고 말할 수도 있다. 신성은 사람 속에도 있고, 동물 속에도 있으며, 돌 속에도, 번개 속에도 있다.

이렇게 각 개체 속에 현존하는 브라만을 아트만이라고 한다. 아트만과 브라만은 본질적으로 하나다. 그러나 엄밀하게 말하자면 브라만이나 아트만에 대해서는 어떠한 설명도 할 수 없다. 차라리 철저하게 침묵을 지키는 것이 적절하지 않은 억지 표현을 피할 수 있는 유일한 길인지도 모른다.

'브리하다란야카 우파니샤드'는 이렇게 묻고 있다. "만물의 참나인 아트만의 자리가 어디인가? 그것을 생각하는 자는 누구이며, 그는 어떻게 그것을 생각할 수 있는가?" 이것은 브라만이나 아트만이 생각의 대상이 아니라는 것에 대한 역설이다. 브라만은 생각할 수 없는 존재라는 말이다.

브라만은 모든 개체성이 용해된 상태의 통짜배기, 곧 '둘이 아님'이라고 할 수 있다. 이것을 아드바이타[비이원성]라고 한다. '우파니샤드'는 "브라만은 이것도 아니고 저것도 아니다. 그는 어떤 것에도 의지하지 않으며, 흔적도 없고, 악의 영향도 받지 않는다. 그에게는 어둠이나 그림자가 없으며, 안도 없고 밖도 없다"는 식의 부정을 사용하여 브라만을 설명을 하고 있다.

'바가바드 기타'는 '우파니샤드'의 이런 견해를 여러 구절에서 긍정하고 받아들이고 있다.

몸을 입은 자는 칼로 벨 수 없고, 불에도 타지 않으며, 물에도 젖지 않고, 바람으로 말릴 수도 없다. (2.23)

몸을 입은 자는 벨 수도 없고, 태울 수도 없으며, 젖게 하거나 마르게 할 수도 없다. 그는 영원하며, 어디에나 있고, 변하지 않는다. 그는 흔들리지 않고 영원히 동일한 상태로 존재한다. (2.24)

몸을 입은 자는 눈에 보이지 않으며, 인간의 생각으로는 그가 어떠리라고 상상도 할 수 없다. 그는 변화를 경험하지만 자신은 변하지 않는다. 그대는 이 진리를 깨닫고 슬픔에서 벗어나도록 하라. (2.25)

이제 그대에게 모든 앎의 목표, 그것을 알면 불멸에 이르는 지혜, 존재도 아니고 비존재도 아닌 '그것', 곧 시작이 없는 지고한 브라만에 대해 말해 주리라. (13.12)

그는 안에 있으면서 동시에 밖에 있으며, 움직이면서 동시에 움직이지 않는다. 그는 멀리 있으면서 동시에 가까이 있는 이해를 넘어서는 신비한 존재이다. (13.15)

그는 나누어져 있지 않지만 다양한 존재로 나뉘어져 자신을 드러낸다. 그가 존재들을 생성시키는 창조자이고, 존재들을 지탱하는 유지자이며, 존재들을 소멸시키는 파괴자이다. 이런 그를 아는 것이 모든 앎의 목표이다. (13.16)

그는 모든 존재의 가슴속에 머물고 있다. 그는 모든 빛의 원천이다. 그는 어둠을 초월해 있다. 그는 모든 앎의 대상이자 목표이며, 앎을 통해 그에게 도달할 수 있다. (13.17)

이런 표현은 브라만의 이중적인 성격을 잘 드러낸다. 곧 브라만은 초월자이면서 동시에 내재자라는 것이다. 그는 안에 있으면서 동시에 밖에 있다. 그는 존재(being)이면서 동시에 끊임없이 변하는 과정(becoming)이다. 이런 브라만이 현상적인 세계와의 관계에서는 이슈바라(Ishvara)라고 하는 인격신으로 그 모습을 드러낸다.

이슈바라는 사랑, 자비, 정결, 정의, 지식, 진리 등 거룩한 속성을 가지고 있는 인격신이다. 브라만이 우주의 주재자이지만, 브라만은 모든 행위를 초월한 존재이기 때문에 브라만을 우주의 창조·유지·파괴자라고 할 수 없다. 그래서 브라만의 창조·유지·파괴 행위를 주관하는 인격신 이슈바라가 등장한 것이다. 이슈바라는 브라만의 능력이 인격화된 신이다.

브라만과 이슈바라 두 이름을 말하는 것은 이원론이 아니다. 브라만과 브라만의 능력인 이슈바라는 분리된 존재가 아니다. 브라만에서 이슈바라를 따로 떼어 낼 수 없다. 이는 불에서 열을 갈라낼 수 없는 것과 마찬가지다. 그러나 철학적인 분석으로는 브라만의 신비를 알 수 없다. 이슈바라라고 하는 인격신 관념은 인간이 브라만에 대해 생각할 수 있는 한계다.

이슈바라는 인간이 최대한으로 생각할 수 있는 브라만의 모습이지만, 그것이 브라만 자체는 아니라는 말이다. 브라만은 생각의 대상이 아니다. 생각조차도 브라만 안에 존재하는 것이기 때문이다. 브라만은 초월적 의식 상태에서 체험될 수 있을 뿐이다.

브라만을 체험하는 초월적 의식 상태를 사마디 또는 합일이라고 한다. '바가바드 기타'에는 이 상태에 이르는 방법이 자세히 설명되어 있다. 마음을 안으로 돌리고, 바깥 세계와 접촉하는 감각기관을 제어하면서 진정한 자기 자신이 누구인지를 찾는 훈련을 계속하다 보면 자신의 참나 아트만을 깨닫게 된다. 그리고 자신의 참나 아트만이 곧 우주적 신성인 브라만이라는 사실도 깨닫고 모든 차별과 이원성을 벗어던진다. 이런 사람은 브라만과의 합일 상태에 머문다. 이것이 '바가바드 기타'가 말하고 있는 합일, 곧 요가 훈련의 핵심이다.

'바가바드 기타'는 합일에 이르는 길을 여럿 제시하면서, 사람마다 자기가 타고난 기질에 맞는 길을 갈 것을 권한다. 활동적인 사람에게는 행위의 결과에 집착하지 않고 행동하는 행위의 길인 카르마 요가를, 믿음이 강한 사람에게는 모든 행위를 신께 바치는 제물로 여기는 헌신의 길인 박티 요가를, 그리고 명상적인 사람에게는 냉철한 식별력을 통해 진리를 깨닫는 지혜의 길인 갸나 요가를 권한다. 하지만 이세 길이 서로 다른 길이 아니라 결국은 하나의 길임도 강조하고 있다.

힌두교에서는 창조하고 유지하며 해체하는 이슈바라의 세 기능을 다시 인격화하여 브라마(Brahma), 비슈누(Vishnu), 시바(Shiva)라고 부른다. 브라마는 창조의 능력이 인격화된 신이고, 비슈누는 유지하고 지탱하는 능력이 인격화된 신이며, 시바는 파괴하는 힘이 인격화된 신이다.

'바가바드 기타'는 현상 세계의 구원에 관심을 두고 있기 때문에 신성의 세 측면 가운데서 현상 세계를 유지하고 지탱하는 비슈누적인 측면이 강조된다. 비슈누는 현상 세계를 주재하는 내적인 통치자인데, '바가바드 기타'에서 스승으로 등장하는 크리슈나는 비슈누의 화신이다. 여기서 한 가지 짚고 넘어가야 할 점이 있다. 사람들은 브라마를 창조자라고 하고 시바를 파괴자라고 부르지만, 실제로는 창조되는 것도 없고 파괴되는 것도 없다.

움직이지 않는 스크린 위에 이런저런 영상이 나타났다 사라지기를 반복하는 것처럼, 브라만의 영원성 안에서 세상이 나타났다가 사라지기를 반복하는 것일 뿐이다. 브라만의 이 영원한 과정은 '가능성 시대'와 '나타남 시대'로 나누어진다. '가능성 시대'가 끝나면 '나타남 시대'가 시작되면서 만물이 현상으로 나타난다. 또 '나타남 시대'가 끝나면 만물이 해체되어 가능성, 곧 씨의 상태로 돌아가 다음 '나타남 시대'를 기다린다.

나타남과 가능성의 반복이 제8장에 자세히 설명되어 있다. 크리슈나는 '나타남 시대'를 '브라마의 낮'이라 부르고 '가능성 시대'를 브라마의 밤이라고 부른다. 크리슈나는 말한다.

지구의 시간으로는 수십억 년이 브라마의 세계에서는 하루 밤낮에 지나지 않는다. 브라마의 아침이 밝으면 뭇 존재들이 무형(無形)의 세계에서 나와 현상 세계에서 활동을 시작한다. 그러다가 브라마의 밤이 오면 모든 존재들이 다시 무형의 세계로 돌아간다. 이렇게 브라마의 낮과 밤에 따라 존재들의 생성과 소멸이 무한히 반복된다. (8.17-19)

3. 푸루샤와 프라크리티: 정신과 물질

인도 철학사에서 푸루샤(Purusha)와 프라크리티(Prakriti)에 관한 논쟁은 큰 흐름을 이루고 있다. 푸루샤의 문자적인 뜻은 '몸 안에 머물고 있는 신성'이다. 푸루샤는 마음과 물질로 나타나는 모든 현상의 원인이 되는 신적인 정신이다. 그래서 개체화된 존재 속에 거하는 신성인 아트만과 동의어로 쓰인다. 프라크리티는 신적인 정신인 푸루샤에서 파생된 현상의 근본 질료다. '바가바드 기타'는 이 문제에 대해 베단타 철학에 동조한다.

베단타는 현상 세계는 마음과 물질이 분화되지 않는 상태의 근본 질료인 프라크리티로 이루어진다고 가르친다. 불에서 열이 발산되듯이 브라만[아트만, 푸루샤]에서 프라크리티가 파생되어 나온다. 하지만 열이 불에서 분리된 것이 아니듯이 프라크리티 역시 브라만에서 떨어진 것이 아니다.

'바가바드 기타'에 의하면 이슈바라는 필요할 때마다 프라크리티에서 자기를 위한 몸을 만들어 낸다. 이슈바라의 화신인 크리슈나는 이렇게 말한다.

> 나는 신성한 질서가 쇠퇴하고 거짓이 세상을 덮으면 어느 때고 이 땅에 모습을 드러낸다. 나는 의롭고 선한 자를 악한 자들로부터 보호하기 위해, 그리하여 신성한 질서를 다시 확립하기 위해 매 시대마다 다시 온다. (4.7-8)

그렇지만 그는 인간의 형상으로 있으면서도 여전히 프라크리티의 주(主)로 남아, 자신의 참나 아트만에 머물러 있다. 이것이 보통 인간과 크리슈나 같은 신의 화신이 다른 점이다. 보통 사람은 프라크리티에 미혹되어 자기는 아트만이 아니라고 생각하다.

프라크리티의 미혹에서 벗어나는 것이 참나 아트만과 하나되는 길이다. 프라크리티의 미혹에서 벗어나 참나 아트만에 머물게 되면 태어남과 죽음이 반복되는 윤회에서 벗어난다. 태어남과 죽음은 프라크리티 세계에서 일어나는 현상인데, 그는 이미 프라크리티의 세력을 넘어섰기 때문이다.

프라크리티는 사트바 구나, 라자스 구나, 타마스 구나라고 하는 세 가지 기운 또는 세 가지 성질로 이루어져 있다. 사트바는 밝고 고요하고 순수한 기운이고, 라자스는 활동적이고 격정적인 기운이며, 타마스는 어둡고 무거운 기운이다. 마음이나 물질에는 이 세 가지 기운이 늘 함께 들어 있으며, 어떤 기운이 지배적이냐에 따라 외적인 형태가 결정된다.

물질에서 사트바 기운이 지배적이면 햇빛이나 공기 같은 기체성 물질이 되고, 라자스 기운이 지배적이면 물과 같은 액체성 물질이 되며, 타마스 기운이 지배적이면 돌이나 바위 같은 고체성 물질이 된다.

마음에서 사트바 기운이 지배적이면 침착, 정결, 평온 등의 특성이 나타나고, 라자스 기운이 지배적이면 열정, 불안정, 도전적인 활동 등의 특성이 나타난다. 그리고 타마스 기운이 지배적이면 우둔함, 게으름, 잠과 같은 특성이 나타난다.

마음과 물질 속에 내재되어 있는 세 가지 구나는 평형 상태와 평형이 깨진 상태를 오락가락한다. 이 두 상태를 오락가락하는 과정에서 변화가 일어난다. 세 가지 구나가 완벽한 평형 상태를 유지하고 있는 동안 프라크리티는 미분화 상태로 있다. 이때는 모든 현상적인 우주가 가능성 상태로 존재한다. 그러나 힘의 균형이 깨지는 순간 현상적인 우주가 나타나기 시작한다.

세 힘의 상호 관계는 예측할 수 없을 정도로 다양하게 변한다. 어느 한 힘이 다른 두 힘보다 우세해지는데, 이렇게 서로 다른 힘의 조합 결과로 엄청나게 다양한 물질 현상과 정신 현상이 생긴다. 현상 세계는 세 구나가 다시 평형 상태를 찾아 가능성 상태로 돌아갈 때까지 계속 그 형태와 수를 늘려 나간다. 그러면 이런 일은 왜 벌어지는가? 이 질문은 인간의 이성으로는 대답이 불가능하다. 인간의 이성 자체가 프라크리티의 변화 과정에 종속되어 있기 때문이다.

깨달음에 도달한 사람은 완전한 요가 상태 또는 사마디 상태에서 브라만과 프라크리티의 관계를 체험한다. 그러나 자신의 체험을 논리적인 용어나 개념으로 다른 사람에게 전달할 수는 없다. 브라만의 자리에서 보면 모든 것이 브라만일 뿐이기 때문이다. 무엇을 설명하려면 설명할 대상이 있어야 하는데, 브라만은 결코 대상으로 체험되는 것이 아니기 때문이다.

세 가지 구나는 서로 반대되면서 동시에 상호 보완하는 성질을 가지고 있다. 세 구나는 힘의 삼각형에서 각 꼭짓점을 차지하고 있다고 말할 수 있다. 구나라는 말은 존재의 진화 과정을 나타내는 데에도 쓰인다. 이 경우 사트바 구나는 실현될 형태의 원형(原形)이고, 라자스 구나는 그 원형을 형상화시키는 힘이며, 타마스 구나는 원형이 형상화되는 것을 방해하는 힘이다.

예를 들어 진흙으로 코끼리를 빚어내려는 조각가가 있다고 하자. 이때 조각가가 마음속에 그리고 있는 코끼리의 형상은 사트바 구나다. 그가 사용할 진흙 덩어리는 아직 특정한 형태가 없다. 이 '형태 없음'은 코끼리 형상이 구체적으로 나타날 때까지 코끼리 형상이 나타나는 것을 방해하는 힘이다. 이것이 타마스 구나다. 그러나 작업을 계속하여 코끼리 형상을 빚어내도록 만드는 힘이 있다. 아무리 어려워도 코끼리 모습을 꼭 만들어 내겠다는 조각가의 의지와 형상을 빚어내기 위해 손발을 움직이는 힘이 있다. 이것이 라자스 구나다. 모든 창조에는 이렇게 세 가지 구나가 함께 작용한다.

사트바만 있다면 공허한 이상에서 한 발짝도 앞으로 나가지 못하고, 사트바의 이상과 그 이상이 성취되는 것을 방해하는 타마스가 없다면 라자스는 나아갈 방향이나 힘을 발휘할 근거가 없이 혼돈 속에서 헤맬 것이다.

'바가바드 기타'는 현상 세계를 구성하고 있는 세 가지 구나에 대해 자세히 설명하고 있다. 크리슈나는 훈련을 통해 구나의 영역을 초월하라고 가르친다. 그러지 않으면 물질 차원의 굴레에 얽매여 자유를 누리지 못한다는 것이다. 구나의 영역을 초월하기 위해서는 생각의 흐름인 마음을 제어해야 한다. 생각의 흐름도 구나의 힘이 나타난 것이기 때문에 그 흐름을 제어하지 못하면 구나의 영역을 초월하지 못한다. 크리슈나는 이렇게 말한다.

물질 차원의 세 기운을 초월한 사람은 밝으면 밝은 대로 놔두고, 활동적이면 활동적인 대로 놔두며, 어두우면 어두운 대로 놔둔다. 어떤 상태를 싫어하지도 않고 갈구하지도 않는다. 그는 멀리서 바라보고 있는 구경꾼처럼 물질의 기운들이 활동하고 있는 것을 그저 초연하게 바라보기만 한다. 그는 물질적인 기운의 활동에 영향을 받지 않는다. 그는 모든 행위와 활동이 물질적인 기운의 활동일 뿐이라고 생각하며 흔들리지 않는 상태에 머물고 있다. (14.22-23)

그는 괴로움과 즐거움을 하나로 보며, 흙덩이와 돌과 황금을 똑같은 것으로 여긴다. 그는 칭찬을 들어도 기뻐하지 않고, 비난을 받아도 화를 내지 않는다. 그는 명예와 불명예를 동등하게 보고, 친구와 적을 똑같이 여기며, 인위적인 행위를 꾀하지 않는다. 이런 사람을 일러 물질 차원의 기운을 초월한 자라고 한다. (14.24-25)

프라크리티에서 출발하여 천차만별의 만물에 이르는 진화 단계 또는 창조 과정에 대해 생각해 보자. 힌두 철학에 따르면 미분화 상태의 프라크리티에서 현상이 전개되어 나오는 첫 단계는 마하트(mahat)이다.
마하트의 문자적인 뜻은 '위대한 근본원리'인데, 이것은 프라크리티에서 맨 먼저 분화되어 나오는 일종의 우주적인 지성이다. 진화는 마하트에 식별 능력인 '붓디(buddhi)'로, 그리고 붓디에서 개인적인 자아의식인 '아함카라(ahamkara)'로 진행된다.
아함카라부터는 지배적인 힘이 사트바냐 타마스냐에 따라 서로 다른 방향으로 진화가 전개된다. 라자스는 그 자체로는 독립적인 발전을 하지 않고 사트바와 타마스를 돕는 역할만을 한다.
사트바의 힘이 지배적인 아함카라에서는 사고 능력인 '마나스(manas, 意根, 마음)'와 보고, 듣고, 만지고, 맛보고, 냄새 맡는 능력인 '갸나-인드리야(jnana-indriya, 伍智根)'와 말하고, 손을 움직이고, 발을 움직이고, 배설

하고, 생식하는 능력인 '카르마-인드리야(karma-indriya, 伍作根)'가 산출되어 나온다. 여기서 '인드리야(indriya, 根)'는 눈에 보이는 육체 기관이 아니라, 이런 역할을 맡은 육체 기관이 작용하도록 하는 보이지 않는 힘이다.

한편 타마스의 힘이 지배적인 아함카라에서는 색, 소리, 향기, 맛, 감촉의 본질인 '탄마트라(tanmatra, 伍唯)'가 생기고 탄마트라의 결합에 의해 흙, 물, 불, 바람, 허공이라는 '부타(bhuta, 伍大)'가 산출된다. 이런 과정을 거쳐 비로소 우주가 현상 세계에 나타난다. 이 체계를 그림으로 그려 보면 다음과 같다.

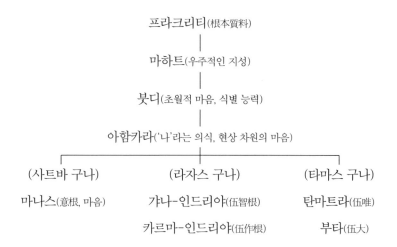

프라크리티에서 시작하는 이 모든 과정이 신적인 정신인 푸루샤[아트만, 브라만]의 자기 전개지만, 신적인 정신은 이 모든 변화에 영향받지 않고 늘 자신의 상태에 머문다. 신적인 정신은 태어나지도, 변

화하지도, 소멸되지도 않는다. 신적인 정신은 시작도 중간도 끝도 없다. 이것이 '바가바드 기타'가 채용하고 있는 힌두 철학의 대체적인 결론이다.

4. 영원한 자유에 이르는 세 길

우리가 신을 생각하는 것은, 시작은 생각에서 할지라도 목표는 환상을 벗어나 신에 도달하는 데에 있다. 만일 어떤 사람이 자신을 신에서 이탈한 존재라고 느낀다면, 그에게는 자신은 신의 일부이며 그에 어긋나는 모든 생각은 환상에 지나지 않는다는 것을 일깨워 줄 적절한 테크닉이 필요하다.

신에 대한 깨달음은 머리가 아니라 존재 전체에서 완성되는 것이다. 존재 전체가 변형되려면 생각을 바꿀 수 있는 형이상학적인 체계와 그 체계를 뒷받침하는 훈련이 필요하다. '바가바드 기타'는 형이상학적인 체계와 함께 훈련 방법도 제시한다. 크리슈나는 이렇게 말한다.

> 아르주나여, 나는 지금까지 진리에 대해 분별력을 가지고 생각하면 누구나 알 수 있는 설명을 했다. 이제는 분명한 결과가 따라오는 그 앎을 실천하는 요가에 대해 말해 주겠다. 이 실천을 통해 그대는 모든 행위의 굴레에서 벗어날 수 있으리라. (2.39)

이 실천의 길, 곧 요가 수행의 길에서는 어떤 노력도 결코 헛되지 않고, 점점 더 나은 상태로 나아간다. 아주 작은 노력일지라도 그대가 가장 두려워하는 것에서 벗어나게 해 줄 것이다. (2.40)

이처럼 '바가바드 기타'가 제시하는 훈련 방법은 요가이다. '요가' 의 문자적인 뜻은 '결합하다' 또는 '함께 묶는다'이다. 육체와 정신 또 는 신과 인간이 결합하여 하나가 되는 것을 가리키기도 하고, 마음과 정신의 힘을 집중하여 에고를 넘어서서 초월적 자아에 이르는 것을 가 리키기도 한다.

'바가바드 기타'는 훈련을 통해 브라만과 하나된 상태를 요가라고 부른다. 요가는 여러 가지 형태로 발전했다. 한 가지 형태 속에서도 여 러 단계가 있다. '바가바드 기타'는 이런 여러 형태의 요가를 유연한 태 도로 받아들이고 있다.

타고난 기질에 따라, 또 영혼의 성숙 정도에 따라 각기 다른 훈련을 하기를 권한다. 완전한 요가 상태, 브라만과의 완전한 합일 상태, 신성 으로의 완전한 몰입이 기독교 용어로는 구원이다. 이것이 모든 괴로 움과 슬픔을 여의고, 슬픔과 고통의 세계에 다시는 태어나지 않는 모 크샤, 곧 해탈이다. '바가바드 기타'는 구원과 해탈에 이르는 세 길을 알려 준다.

하나, 지혜의 길(Jnana-marga)

어떤 목표에 도달하기 위해서는 먼저 목표가 무엇인지를 분명하게 알아야 한다. 목표가 분명하지 못하면 아무리 노력해도 목표에 도달 하기 어렵다. 극단적인 경우에는 노력한 만큼 반대 방향으로 가는 수도 있다.

모든 고통과 슬픔은 실재가 아닌 것을 실재로 착각하는 환상에서 비롯된다. 냉철한 지혜를 통해, 실재가 아닌 것을 하나하나 떼어 내다 보면 마지막엔 더 이상 부정할 수 없는 실재와 만난다. 그러면 모든 고통과 슬픔에서 벗어난다. 좀 더 구체적으로 말하자면 모든 고통과 슬픔과 죄악은 주인인 영혼이 물질의 세 기운인 구나들의 활동에 얽매여 종노릇을 할 때 생긴다. 하지만 참나 주인공은 구나들의 활동에 아무런 영향도 받지 않는다는 것을 깨달으면 현상 세계의 구속에서 벗어나 진정한 자유에 이른다.

이런 깨달음을 얻기 위해서는 냉철한 지혜와 그 지혜를 끝까지 밀고 나가는 정신의 끈질김이 필요하다. 이런 식으로 지혜의 연마를 통해 궁극적인 실재와 영원한 자유를 추구하는 수행을 '갸나 요가'라고 한다.

아르주나여, 지혜를 닦는 것이 자기가 소유한 물질을 제물로 바치는 것보다 낫다. 지혜와 깨달음이 모든 행위의 목표이기 때문이다. (4.33)

아르주나여, 그대가 죄인 가운데 죄인일지라도 지혜의 배를 타고 죄악의 바다를 건널 수 있다. 활활 타오르는 불길이 장작을 재로 만들듯이, 지혜의 불은 행위로 인해 쌓인 모든 카르마를 재로 만든다. 지혜의 불만큼 깨끗하게 정화하는 것이 이 세상에는 없다. 요가의 완성을 향해 나아가는 사람은 마침내 자기 내면에서 아트만을 아는 지혜를 발견할 것이다. (4.36-38)

나는 모든 앎의 궁극적인 목표이다. (9.17)

이렇게 언제 어디서나 앎의 궁극 목표인 참나 아트만을 아는 것이 참다운 지혜이다. 그것이 아닌 다른 무엇을 찾는 것은 무지이다. (13.11)

나에게 헌신하는 사람은 지금 간략히 설명한 들판과 앎과 앎의 대상을 확실히 이해하여 나의 상태에 이를 것이다. (13.18)

둘, 헌신의 길(Bhakti-marga)

헌신의 길은 마음만 먹으면 누구나 갈 수 있는 길이다. 헌신은 욕망과 집착에서 벗어나 자유롭게 되는 가장 안전한 길이다. 처음에는 그리스도나 크리슈나 또는 라마나 마하리쉬나 라마크리슈나 같은 위대한 영적인 스승을 택하여 그들에 대한 사랑을 키우고 그들을 자신의 신으로 떠받들며 그들처럼 되고자 하는 강한 열망을 품는다.

영적인 스승에 대한 헌신과 그들의 삶에 대한 명상이 깊어지면 그들이 간직하고 있던 정신을 이해할 수 있게 된다. 이때가 되면 그들과 관련된 외적인 현상에서 그들이 품고 있던 정신으로 관심의 방향을 돌린다. 이제 시간과 공간의 제약 속에 갇힌 인간적인 스승이 아니라, 영원한 정신을 섬기며 그 앞에 자기의 모든 것을 바치는 단계에 도달한다.

모든 행위를 영원한 정신인 신께 바치는 제물로 여긴다. 밥 먹는 것도 신이 신께 음식을 바치는 것이고, 말하는 것도 신이 신께 말하는 것이며, 일하는 것도 신이 자신의 일을 하는 것으로 여긴다. 이것이 절대적인 헌신이며, '바가바드 기타'는 이런 절대적인 헌신을 신과 하나되는 가장 안전하고 확실한 길이라고 가르친다.

베 짜는 처녀가 무식할지라도 평화로운 것처럼, 완전한 헌신은 영혼의 평화를 가져다준다. 완전한 헌신을 통해 평화의 바다에 이르면 신의 빛과 축복에 휩싸이게 된다. 이렇게 헌신을 통한 신과의 합일을 추구하는 수행을 '박티 요가'라고 한다.

> 그대들이 제사를 드리며 제물을 바칠 때 신들은 기뻐하며 그대들도 기쁘게 해 줄 것이다. 그러므로 무언가를 기대하지 않고 제물을 바치듯이 행위하며 서로를 사랑한다면 지고한 기쁨을 누리게 될 것이다. 그대들이 드리는 제사를 흐뭇하게 여기는 신들은 그대들에게 필요한 모든 것을 채워 줄 것이다. 신께 제물은 바치지 않고 신이 주는 선물만을 받아 즐기려는 사람은 단언컨대, 그는 도둑이다. (3.11-12)

> 진실로 위대한 영혼은 내가 만물의 영원한 근원이라는 사실을 깨닫고 본성의 신성한 상태에 머물면서 한마음으로 나를 섬긴다. 굳은 의지로 서원을 지키려고 늘 애쓰면서 흔들림 없이 나를 섬긴다. 그들은 나를 찬양하면서 자신을 완전히 나에게 바친다. (9.13-14)

> 나뭇잎 한 장, 꽃 한 송이, 과일 한 조각, 물 한 그릇을 나에게 바치더라도 헌신의 심정으로 가슴을 다하여 바치면 나는 순수한 영혼의 그 제물을 기쁘게 받을 것이다. (9.26)

> 그러므로 아르주나여, 그대의 모든 행위가 나에게 바치는 제물이 되

도록 하라. 무엇을 하든지, 무엇을 먹든지, 무엇을 바치든지, 무엇을 베풀든지, 또는 무슨 수행을 하든지, 그대의 모든 행위를 나에게 바치는 제물이라고 생각하고 하라. 그러면 그대는 행위가 행위를 낳는 행위의 속박에서 벗어나리라. 선과 악이 꼬리에 꼬리를 무는 인과의 업보에서 벗어나리라. 행위의 결과에 집착하지 않는 완전한 포기를 통해 완전한 자유를 얻고 나에게 오게 되리라. (9.27-28)

모든 존재 속에 동일한 내가 있다. 그러므로 나는 누구를 미워하지도 않고 누구를 사랑하지도 않는다. 하지만 나에게 헌신하는 사람은 내 안에 거할 것이며, 나도 그들 안에 거할 것이다. (9.29)

아르주나여, 이 점을 잊지 마라. 나에게 헌신하는 사람은 결코 불행한 상태에 빠지지 않는다. (9.31)

아르주나여, 어떤 환경과 어떤 처지에 어떤 신분으로 태어났더라도 나에게 귀의하는 사람은 이생에서 가장 높은 목표에 이를 것이다. 바이샤나 심지어 수드라처럼 비천한 신분으로 태어난 사람일지라도 이 목표에 도달할 수 있다. 하물며 덕이 있는 왕족과 경건한 현자들이야 말해 무엇 하겠는가. 덧없고 불행으로 가득 찬 이 세상에서 나를 귀의처로 삼고 나에게 헌신해라. (9.32-33)

아르주나여, 온 마음으로 나에게 집중하고 헌신하라. 공경하는 마음으로 나를 섬겨라. 나를 지고한 목표로 삼은 마음이 흔들리지 않도록

하라. 그러면 그대는 나에게 오게 되리라. (9.34)

나는 만물의 근원이다. 모든 것이 나에게서 나온다. 이 사실을 깊은 의식 차원에서 깨달은 사람은 사랑과 헌신으로 나를 섬길 것이다. 그들은 생각을 나에게만 몰두하고, 온 힘을 나에게 쏟을 것이다. 그들은 내가 만물의 근원이라는 사실을 가르치고, 내가 어떤 존재인지 이야기하며, 늘 만족하며 즐겁게 살아갈 것이다. (10.8-9)

아르주나여, 흔들리지 않는 헌신을 통해서만 나와 하나될 수 있고, 나를 알고 나를 볼 수 있다. (11.54)

셋, 행위의 길(Karma-marga)

육체를 가지고 있는 인간이 모든 행위를 포기하고 아무런 행위도 하지 않는다는 것은 불가능하다. 그러나 행위에는 어떤 행위든 그 행위로 인한 여파가 뒤따른다. 행위의 여파는 다음 행위를 일으키는 원인이 된다. 행위는 이런 식으로 끝없이 이어지기 때문에 행위의 굴레에서 벗어날 길이 없다.

'바가바드 기타'는 행위를 통해 행위의 속박에서 벗어나는 길을 가르쳐 준다. 행위의 결과에 대한 집착을 버리고 행위를 하면 행위에 속박되지 않고 행위의 결과에도 영향을 받지 않는다는 것이다. 결과를 기대하지 않고, 육체가 이런저런 행위를 하도록 하는 사람은 무엇을 해도 행위의 영향을 받지 않는다고 가르친다.

영원한 자유에 이르려면 완전한 포기가 있어야 하는데, 결과를 기대하지 않는 행위를 훈련하지 않고는 완전한 포기가 불가능하다. 완전한 포기에 도달하기 위해서, 결과를 기대하지 않는 행위를 훈련하는 것을 '카르마 요가'라고 한다.

> 그대의 다르마는 그대에게 부여된 일을 하는 것이다. 행위의 결과는 그대가 관여할 부분이 아니다. 행위의 결과에 대한 기대를 가지고, 그 것을 목적으로 행위해서는 안 된다. 하지만 어떠하든지, 그대의 의무를 피하면 안 된다. (2.47)

> 아르주나여, 성공과 실패에 연연해하지 말고 합일 상태에 머무는 흔들리지 않는 요가 수행을 하면서, 그대의 다르마를 수행하라. 마음이 흔들리지 않는 이런 상태를 닦는 것이 요가 수행이다. (2.48)

> 아르주나여, 직관적인 식별력을 갈고닦는 붓디 요가를 수행함으로써 결과에 집착하는 행위에서 멀어지도록 하라. 행위의 결과에 대한 욕망을 가지고 행동하는 사람은 불행하다. 그들에게는 뜻대로 되지 않는, 바라는 결과에 대한 목마름이 그치지 않을 것이기 때문이다. (2.49)

> 그러나 직관적인 식별력을 갈고닦는 요가 수행을 통해서 결과의 좋고 나쁨이라는 이원성을 넘어 마음의 평정을 획득한 사람은 아무것도 갈망하지 않게 된다. 그러므로 결과에 집착하지 않는 요가 수행에 힘을 쏟아라. (2.50)

직관적인 식별력을 갈고닦은 지혜로운 사람은 끊임없는 윤회의 원인이 되는 행위의 결과에 대한 집착을 포기한다. 그리하여 그들은 윤회의 사슬을 끊고 고통과 슬픔이 없는 곳에 이른다. (2.51)

그러므로 아르주나여, 그대에게 주어진 의무를 수행하도록 하라. 행위를 하는 것이 아무것도 하지 않는 것보다 훨씬 더 낫다. 아무것도 하지 않으면 그대는 그대의 육신조차 지탱할 수 없을 것이다. (3.8)

신께 제물을 바치듯이 행하는 행위 외에는 모든 행위는 행위자를 물질세계의 욕망의 굴레에 얽매이게 한다. 그러므로 아르주나여, 그대는 행위의 결과에 대한 기대나 집착이 없이 그대에세 주어진 의무를 수행하라. 그러면 아무것에도 얽매이지 않은, 완전히 자유로운 상태로 존재할 것이다. (3.9)

언제나 결과를 목적으로 삼지 말고 그대가 마땅히 할 바를 하라. 그대는 집착 없는 행위를 통해서 지고한 경지에 도달하게 될 것이다. (3.19)

결과를 기대하지 않고, 자기 이익에 대한 욕망을 포기하고, 아트만 상태에 머물면서 육체가 이런저런 행동을 하는 사람은 무엇을 해도 잘못이 없다. (4.21)

세속적인 행위를 포기하고 출가 수행자가 되어 진리를 탐구하는 지혜의 길과 결과에 집착하지 않고 행위하는 카르마 요가는 둘 다 지고한 목표에 이르게 한다. 하지만 보통 사람들에게는 세속적인 행위를 포기하는 길보다는 결과를 기대하지 않는 행위의 길이 더 낫다. (5.2)

어리석은 사람은 지혜의 길과 행위의 길이 다르다고 생각한다. 하지만 지혜로운 사람은 이 둘을 다르게 보지 않는다. 어느 길을 통해서든 올바른 수행을 통해 목표에 도달한 사람은 다른 길을 통해 도달하는 것과 똑같은 경지에 이르기 때문이다. 지혜의 길이 목표로 하는 것과 행위의 길이 목표로 하는 것이 같다. 그러므로 목표에 도달한 사람은 두 길이 결국 같은 길임을 안다. (5.4-5)

행위의 길을 따르는 수행을 하지 않고 완전한 포기를 성취하기는 대단히 어렵다. 요가로 훈련된 지혜로운 사람은 결과를 기대하지 않는 행위의 길을 통해 머지않아 브라만에 도달할 것이다. (5.6)

결과를 기대하지 않는 행위의 길을 따르는 사람은 감각과 욕망을 정복하여 자신을 깨끗하게 정화시킨다. 그는 모든 존재의 참나 아트만과 하나가 되며, 어떤 행위를 하든지 자신이 하는 행위로 인해 더럽혀지지 않는다. (5.7)

행위의 결과에 관심을 두지 않고 해야 할 행동을 하는 사람이 진정한 포기자이다. 그런 사람이 진정한 요가 수행자이다. 아르주나여, 이기적인 욕망이 없이 행위하는 것이 포기이고 그것이 곧 요가이다. 행위

의 결과에 대한 집착을 떨쳐 버리지 못하는 사람은 요가의 길을 가지 못한다. (6.1-2)

결과에 집착하지 않고 행위하는 카르마 요가는 지고한 경지에 도달하고자 하는 수행자가 가야 할 길이다. (6.3)

육체를 가지고 있는 인간이 모든 행위를 포기하고 아무런 행위도 하지 않는다는 것은 불가능하다. 진정한 포기는 자기가 바라는 결과를 기대하는 마음, 곧 행위의 결과에 대한 집착을 포기하는 것이다. 행위의 결과를 기대하는 사람은 즐거움과 괴로움, 그리고 그 둘이 섞인 세 가지 열매를 번갈아 맛본다. 그러나 행위의 결과에 대한 집착을 포기한 사람은 행위나 행위의 결과에 얽매이지 않고 초월적 자유를 누린다. (18.11-12)

이처럼 '지혜의 길'과 '헌신의 길'과 '행위의 길'은 동일한 목표를 향하고 있다. 사람은 타고난 기질에 따라 사고력과 감성과 활동성에 차이가 있다. 이성적인 사고 능력이 뛰어난 사람에게는 지혜의 길이, 감성이 풍부한 사람에게는 헌신의 길이, 그리고 활동성이 강한 사람에게는 행위의 길이 자기에게 맞는 길이다.

어느 하나만을 유일한 길이라고 말할 수 없다. 강약의 차이가 있을 뿐, 모든 사람은 사고력과 감성과 활동성을 다 가지고 있다. 그러므로 영원한 신성에 이르는 세 길은 항상 함께 가야 하는 길이다. '바가바드 기타'는 이 세 길이 하나의 목표에 이르는 길이며, 함께 가야 하는 길임을 거듭거듭 강조하고 있다.

예를 들어 행위의 길을 가는 사람이 있다고 하자. 그의 일차적인 목표는 행위의 결과에 집착하지 않고 행위하는 것이다. 엄격한 자기 제어를 통해 이 길을 성공적으로 갈 수도 있다. 하지만 지혜의 힘을 빌려서 "나는 왜 저것을 갖고 싶어 할까? 나는 왜 일이 이렇게 됐으면 좋겠다고 생각할까? 내가 바라는 대로 일이 되면 평화가 올까? 저것을 내 소유로 만들면 더 자유로워질까?"라는 식의 질문을 던지면서 행위의 길을 간다면 보다 더 확실하게 목적지에 도달할 수 있을 것이다.

거기에 모든 행위를 신께 바치는 제물로 생각하는 헌신의 길이 더해진다면 훨씬 더 확실하고, 안전하고, 빠르게 목표에 이르지 않겠는가. 지혜의 길을 가는 사람도 마찬가지고, 헌신의 길을 가는 사람도 마찬가지다. 자기가 어느 길을 선택해서 가든지 다른 길도 함께 간다면, 그토록 꿈꾸는 영원한 자유와 영원한 평화에 확실하게 이르게 될 것이다.

번역 노트

제1장 바가바드 기타의 배경 – 전쟁의 서막

1) **1.1 산자야:** 제1장 첫머리에 등장하는 산자야는 드리타라슈트라 왕의 신하다. 전쟁터에 직접 나가지 않고도 일종의 초능력으로 전쟁 상황을 자세히 살피며 크리슈나와 아르주나의 대화를 드리타라슈트라 왕에게 전하는 역할을 한다.

2) **1.1 법과 정의의 성스러운 땅:** '다르마의 땅'의 번역이다. 쿠루 들판은 천상의 신들이 제의를 행하던 성스러운 곳이다. 그래서 그 들판은 신적인 법, 신적인 정의, 신이 부여한 의무 등을 완수하는 것을 상징한다. 따라서 거기서 벌어질 전쟁은 신적인 법과 신적인 정의와 불법과 불의 그리고 신이 부여한 의무를 성취하려는 갈망과 에고의 욕구를 충족하고자 하는 갈망 사이의 전쟁임을 암시한다.

3) **1.2-11 왕:** 두료다나는 왕이 아니다. 현재의 왕은 아직 드리타라슈트라이다. 하지만 산자야는 두료다나가 전쟁에서 이겨서 왕이 되길 바라는 드리타라슈트라의 심정을 고려해서 이렇게 말한 듯하다.

4) **1.2-11 두 번 태어난 분:** 문자적으로는 '성스러운 줄을 두른 사람'으로 카스트의 고위층 멤버를 일컫는다. 따라서 이 문장은 '브라만 중에서도 가장 뛰어난 브라만이시여!'라는 뜻이다. 드로나는 군인은 아니지만 전술 전략과 병법을 가르치는 계략이 뛰어난 선생이었고, 이 전쟁에서는 두료다나 편 군대의 총사령관 역할을 하고 있다.

5) **1.14-19 아르주나:** 크리슈나와 마찬가지로 아르주나도 여러 가지 이름으로 일컬어지고 있다. 여기서는 '판다바', 곧 '판두의 아들'로 되어 있는데 판두의 5명의 아들 누구라도 '판두의 아들'이라고 부를 수

있지만, 여기서는 아르주나를 일컫고 있다.

6) **1.24-25** 장군들: 문자적으로는 '세상의 지배자(통치자)들'.

7) **1.26-27** 아르주나: 원문에는 '쿤티의 아들'. 아군과 적군이 모두 친척이자 친구와 스승임을 강조하기 위한 호칭으로 보인다.

8) **1.32-35** 삼계(三界): 하늘과 땅과 지하 세계를 일컫는 말로 포괄적으로 '온 세상'을 가리킨다.

9) **1.38-43** 가문의 법도: '가문의 다르마'. 곧 카스트에 따라 가문이 지켜 나가야 할 의무.

10) **1.38-43** 여인들도 본분을 잃고 타락하여: 여인들이 다른 계급의 남자들과 관계를 맺음으로써 카스트 제도가 무너진다는 뜻이다.

11) **1.38-43** 영적인 전통: 문자적으로는 '쌀과 물의 제사'.

12) **1.38-43** 영적인 질서: 문자적으로는 '사회의 다르마'.

13) **1.44-46** 법도가 무너진 집안 사람들: 가문의 다르마, 곧 가문의 의무를 수행하지 않는 사람들.

14) 간기(刊記): 간기는 원래 본문에 포함된 것이 아니고 후대에 삽입된 것이지만, 후대의 연구자들이 '바가바드 기타'를 어떻게 보았는지에 대한 참고 자료로 가치가 있다. 판본에 따라 약간씩 차이가 있지만 크게 다르지는 않다. 제2장부터는 따로 간기를 붙이지 않았다. 대신, '각 장의 주요 내용'에 그들이 다르게 붙인 제목을 한데 모았다.

15) 절대(브라만, Brahman): 절대라고 번역한 브라만은 생각이나 표현의 대상이 아니다. 따라서 브라만이 현상적인 세계의 창조 · 유지 · 해체(파괴)를 주관하는 인격신으로 나타날 때는 '이슈바라'라는 이름을 갖는다. 이슈바라에게는 세 모습이 있다. 브라마(Brahma, 이슈바라의 창조력),

비슈누(Vishnu, 이슈바라의 유지력), 시바(Shiva, 이슈바라의 해체력)가 그것인데, 크리슈나는 비슈누의 여덟 번째 화신이다.

제2장 바가바드 기타 전체 가르침의 개요

1) **2.7-8** 의무: 문자적으로 '다르마'이다.

2) **2.11-13** 그대의 말은 그럴 듯하다: 문자적으로는 '그대는 지혜로운 말을 하는구나'이다. 사실 일상적인 차원에서는 친척을 죽이고 자신의 영화를 누리는 것이 무슨 소용이 있냐는 아르주나의 말이 지혜로운 말일 수도 있다.

3) **2.14-15** 감각 대상과의 접촉에 의해: 문자적으로 '육체적인 감각에 의해'.

4) **2.16-18** 이 실재: 문자적으로는 '몸을 입은 자'. 참나 아트만 또는 브라만을 일컫는 표현이다.

5) **2.19-21** 몸을 입은 자: 문자적으로는 '이것'인데, 앞 절에서 언급한 '실재' 또는 참나 아트만을 가리킨다.

6) **2.31** 전사로서의 그대의 다르마: 법과 질서를 유지하는 책임이 있는 크샤트리아(전사, 왕족)로서의 의무. "사람은 타고난 기운에 따라 저마다 다른 의무가 있다. 브라만에게는 사제로서의 의무가, 크샤트리아에게는 통치자와 전사로서의 의무가, 바이샤에게는 일반 백성으로서의 의무가, 그리고 수드라에게는 봉사자로서의 의무가 있다."(18.40-41)

7) **2.32-33** 하늘나라에 들어갈 기회: '완성에 이를 수 있는 기회'로

번역할 수도 있다. "누구나 타고난 기질에 따라 자기에게 주어진 의무에 충실함으로써 완성에 이를 수 있다. 자기에게 주어진 의무를 수행하는 것이 모든 존재 속에 머물고 있는 창조주를 섬기며 예배하는 것이다. 이런 예배를 드리는 사람은 완전한 경지에 도달한다."(18.45-46)

8) **2.39** 분별력을 가지고 생각하면 누구나 알 수 있는 설명: '상키야'의 번역이다. 상키야는 인도 철학의 여섯 갈래 가운데 가장 오래된 철학이다. 상키야는 '이성을 통해 해탈에 이르는 길'로 알려져 있다. 사전적으로는 '영혼의 진정한 본성을 설명하는 철학'이라는 뜻이다.

9) **2.42-44** 사마디: 주체와 대상의 구별이 사라진 상태에서 브라만을 체험하는 경지. 삼매(三昧)는 사마디의 한자어 음역이다.

10) **2.45** 세 가지 '기운': 세 가지 '구나'의 번역이다. 세 가지 구나는 사트바 구나, 라자스 구나, 타마스 구나를 말한다. '구나'는 '기운'이라고 번역할 수도 있고 '본성'이라고 번역할 수도 있다. 사트바 구나는 맑고 가벼운 기운, 라자스 구나는 활동적인 기운, 타마스 구나는 어둡고 무거운 기운이다.

11) **2.46** 지고한 신성(神性)을 아는 자: '브라만을 아는 자'라는 뜻의 '브라마냐사'의 번역이다.

12) **2.49** 붓디 요가: '붓디 요가'는 붓디를 훈련하고 실천하는 요가인데, '붓디'는 감각기관, 감각 대상, 세 가지 구나의 활동 그리고 '나'라고 하는 에고 의식 너머의 '직관적인 식별력'을 일컫는다.

13) **2.58-59** 감각을 대상에서 거두어들여도: 문자적으로는 '감각의 단식을 해도'.

14) **2.60-61** 마음을 나에게 집중하고: '나'를 아트만으로 보고 '아

트만에 집중하고 앉아 있는 사람'이라고 해석할 수 있다. "내가 곧 길이요, 진리요, 생명이다"라는 예수의 말씀도 비슷한 맥락에서 이해할 수 있을 것이다.

15) **2.64-65** 흔들리지 않는 지혜에 안주하리라: 여기서 '지혜'는 '붓디'의 번역이다. 고요한 평화에 이르면 초월적인 직관적 통찰력이 늘 맑게 깨어 있어서 한순간도 망상에 빠지지 않는다는 뜻이다.

16) **2.66-67** 초월적 지성: '프라즈나(prajna)'의 번역이며, 프라즈나의 문자적인 뜻은 '의식(consciousness)'이다. 대상이 없는 주체적인 의식, 곧 꿈도 없는 깊은 잠 상태의 의식을 가리키는 말이다. 프라즈나는 아트만의 본성에 속한다.

17) **2.71-72** '나'와 '나의 것'이라는 거짓 나에 대한 망상을 넘어선 사람: 문자적으로 '니르아함카라(nir-ahamkara)', 곧 아함카라가 소멸된 사람.

18) **2.71-72** 지고한 경지: 문자적으로는 '브라만 상태'. '신성한 영적인 삶'이라고 옮길 수도 있다.

19) **2.71-72** 영원: '브라만-니르바나(brahman-nirva⁻na)'의 번역이다. '니르바나'는 '열반(涅槃)'이라고 번역되는 단어인데, 촛불을 끄듯이 '불어서 끄다(또는 꺼지다)'라는 뜻이다. 따라서 '브라만-니르바나'는 '(촛불이 사라지듯이) 브라만 안으로 꺼져서 들어감'으로 옮길 수 있다.

제3장 초월적 자유에 이르는 행위

1) **3.1-2** 끔찍한 전쟁: 문자적으로는 '끔찍한 행위'.

2) **3.3** 내가 예부터 가르쳤듯이: 지금 아르주나와 대화하고 있는 크리슈나는 비슈누의 여덟 번째 화신으로 알려져 있다.

3) **3.3** 길: 아트만에 이르는 길, 즉 브라만과의 합일에 이르는 길을 의미한다.

4) **3.3** 초월적 지혜를 추구하는: 문자적으로는 '(경험과 철학적인 사유를 통해서 진리를 탐구하는) 상키야의 가르침을 따르는'.

5) **3.3** 갸나 요가: 지적인 분석과 식별력을 사용하여 흔들림 없는 경지에 도달하고자 하는 요가. '지혜의 길' 또는 '앎의 길'이라고 할 수 있다.

6) **3.3** 카르마 요가: 결과에 대한 집착이 없는 행위를 통해서 궁극의 경지에 도달하고자 하는 요가.

7) **3.4-5** 자신의 본성, 곧 타고난 기운: '프라크리티 구나'의 번역이다. 현상 세계 만물의 속성을 결정하는 기운 또는 본성을 일컫는다.

8) **3.6-7** 결과에 대한 집착이 없는 행위에 쓰는 사람: 문자적으로는 '카르마 요가에 쓰는 사람'. '집착하지 않고 헌신하는 행위에 쓰는 사람'이라고 옮길 수도 있다.

9) **3.13** 신께 제물을 바치는 심정으로 먹는 사람: 문자적으로는 '(제사를 드리고 난 다음에) 제물로 바쳤던 음식을 먹는 사람'이다. 결국 제물을 바친 당사자다.

10) **3.19-20** 자나카 왕: 마틸라 왕국의 왕. "마틸라가 다 탄다고 해도 내 탈 것은 없다"는 그의 말은 그가 자신의 통치 행위에서 아무것도 기대하지 않았음을 잘 보여 준다. 크샤트리아 계급의 왕으로서 '카르마 요가'를 통해 완전에 이르렀음을 크샤트리아인 아르주나에게 강

조하는 대목이다. 역시 크샤트리아였던 붓다도 자나카 왕의 영향을 받은 것으로 전해진다.

11) **3.21-24** 이 세상에서: 문자적으로는 '삼계(三界)에서'. 삼계는 하늘과 땅과 지하 세계를 말한다.

12) **3.21-24** 세상이 유지되지 않고 혼란에 빠질 것이고: 문자적으로는 '세상에 원치 않는 아이들이 태어날 것이고'. 곧 카스트의 질서가 무너져 서로 다른 계급의 남녀 사이에서 아이들이 태어나고, 그러면 카스트 제도에 기반을 둔 사회 전체가 혼란해질 것이라는 뜻.

13) **3.27-28** 타고난 본성적인 기운: '구나'의 번역이다.

14) **3.27-28** 세 가지 서로 다른 기운의 상호 작용에 의해: 문자적으로는 '세 가지 구나 가운데서 세 가지 구나가 활동한다'. 타고난 본인의 기운과 이미 특정한 기운을 지니고 활동하고 있는 주변 환경과의 상호 작용에 의해서 저절로 행위가 일어난다는 뜻으로 보인다.

15) **3.29-30** '나': 문자적으로는 지고한 존재로서의 '크리슈나' 본인을 일컫는 듯하다. 하지만 글의 흐름으로 보면 '나'를 아트만으로 보고 '모든 행위가 아트만에서 비롯된다'는 표현으로 보인다. 그렇다면 아트만이 구나의 활동을 통해서 현상 세계를 펼치고 변화무쌍한 그 세계를 스스로 경험하지만 자신은 그 변화에 아무런 영향을 받지 않는다는 얘기가 된다.

16) **3.33-34** 본성: '프라크리티'의 번역이다. 프라크리티는 영적인 원리인 푸루샤가 물질적인 형태로 나타난 것을 일컫는다.

17) **3.33-34** 그대의 영적인 여정을 방해하는 두 장애물이다: 문자적으로는 '그 둘은 진실로 그대의 대적이다'.

18) **3.38-39** 참된 지혜가 이기적인 욕망에 가려져 있다: 문자적으로는 '이것이 저것으로 가려져 있다'.

19) **3.40-41** 먼저 감각기관을 제어하여 : 아르주나가 진정으로 대적하여 싸워야 할 적은 외부의 대상이 아니라 자신의 욕망이다.

20) **3.42-43** 마음: 현상 차원에서 작용하는 마음을 뜻하는 '마나스'의 번역이다.

21) **3.42-43** 초월적 지성: '붓디'의 번역이다.

제4장 초월적 자유에 이르는 앎

1) **4.5** 적을 정복하는 자: 크샤트리아로서의 다르마를 지닌 아르주나를 일컫는다.

2) **4.6-8** 진정한 주인: '이슈바라'의 번역이다. 지고한 신성을 브라만이라고 한다. 브라만이 현상적인 세계의 창조 · 유지 · 해체(파괴)를 주관하는 인격신으로 나타날 때는 '이슈바라'라는 이름을 갖는다. 이슈바라에게는 세 모습이 있다. 브라마(이슈바라의 창조력), 비슈누(이슈바라의 유지력), 시바(이슈바라의 해체력)가 그것이다.

3) **4.6-8** 가상 현실 세계: '마야'의 번역이다. '마야'의 문자적인 뜻은 실재가 아닌 것이 실재처럼 보이는 '환영(幻影)' 또는 '나타남'이다.

4) **4.6-8** 신성한 질서: '다르마'의 번역이다. 따라서 '신성한 질서가 쇠퇴하고'를 '사람들이 자신의 의무를 행하지 않고'라고 옮길 수도 있다.

5) **4.13** 신분의 구별: 문자적으로는 '네 카스트 제도'인데, 사람마

다 이 세상에서 수행해야 할 의무, 곧 다르마가 다른 것을 일컫는다.

6) **4.13** 나는 영원히 하고자 함이 없이 그렇게 한다: 문자적으로는 '나는 영원한 비행위자(non-doer)이다'. 노자의 무위(無爲) 철학을 크리슈나의 이런 가르침의 반향으로 볼 수도 있다.

7) **4.16** 무엇이 '행위'이고 무엇이 '행위하지 않음'인가?: '무엇이 행위(行爲)이고 무엇이 무위(無爲)인가?'로 옮길 수 있다.

8) **4.16** 현자들: 원문은 '시인들'이다. 고대 산스크리트 경전들은 시로 되어 있고, 그것을 기록한 이들을 '시인'이라고 한 것이다.

9) **4.16** 행위의 굴레에서: 문자적으로는 '죄악에서'. 행위의 본질을 알지 못하고, 욕망으로 행위하는 것은 모두 죄악이라는 의미가 함축되어 있다.

10) **4.18** 의식이 요가로 제어된 상태에서: 행위의 결과에 집착하지 않는 의식이 늘 각성된 상태에서 모든 행위를 한다는 뜻이다.

11) **4.19-20** 이기적인 욕망: '카르마(행위)'의 번역인데, 욕망과 결과에 대한 집착으로 행위하는 것을 가리킨다.

12) **4.21-23** 그 행위의 영향을 받지 않는다: 문자적으로 '(모두) 녹아 없어진다', '행위의 여파가 남지 않는다'라고 옮길 수도 있다. 무엇을 하든지 그냥 그것을 하는 것으로 끝날 뿐, 그것이 다음 행위의 원인으로 작용하지 않는다는 뜻.

13) **4.24** 의식의 깊은 차원에서 … 관조하는: 문자적으로 '사마디(三昧) 상태에서 관조하는'.

14) **4.25-27** 생명 에너지의 활동: '프라나'의 번역이다. 프라나는 숨 또는 생명의 기운이며, 숨을 조절하는 수행을 '프라나야마'라고 한다.

15) **4.28-30** 명상을 제물로: '요가 야즈나'의 번역이다. 문자적인 뜻은 '요가 수행을 제물로 바치는 제사'이다.

16) **4.28-30** 생명의 기운에서 생명을 취하는: 문자적으로는 '프라나를 프라나에게 바치는'이다. 음식에서 에너지를 얻는 것이 아니라, 우주에 충만한 생명의 기운인 프라나에서 생명을 유지하는 에너지를 취하는 수행을 가리킨다. 이런 호흡 수행을 크리야 요가라고 한다.

17) **4.31** 영혼의 양식을 얻고: 문자적으로는 '제사를 드린 후에 남은 성스러운 음식을 먹는 사람은 (영원한 브라만에게 간다)'. 제사를 드린 후에 남은 음식은 제사를 드린 사람이 먹는다. 따라서 제사를 드린 후에 남은 음식을 먹는 사람은, 곧 제사를 드리는 사람을 일컫는다.

18) **4.31** 이 세상에서조차도 행복한 삶을 누리지 못한다: 문자적으로는 '이 세상조차도 제사를 드리지 않는 사람들을 위해서 있는 것이 아니다'.

19) **4.32-33** 지혜를 닦는 것: '갸나 야즈나'의 번역이다. 문자적으로 '지혜를 닦는 수행을 제물로 바치는 제사'라는 뜻이다.

20) **4.34-35** 그대 안에: '(그대의) 아트만 안에'의 번역이다.

제5장 행위의 포기와 자유

1) **5.4-5** 지혜의 길과 행위의 길: 지혜를 탐구하여 궁극의 진리에 도달하려는 '상키야' 수행과 결과에 집착하지 않는 행위를 목표로 수행하는 '(카르마) 요가'의 번역이다.

2) **5.13** 아홉 개의 문: 아홉 개의 문은 두 눈, 두 귀, 두 콧구멍, 입,

항문, 생식기를 말한다.

3) **5.14 참나 아트만**: '주(主)' 또는 '능력 있는 분'을 뜻하는 '프라부스'의 번역이다.

4) **5.14 본성에 따라 저절로**: 자연적으로, 자발적으로, 또는 '타고난 본성에 따라'를 뜻하는 '스바브하바스'의 번역이다. 타고난 세 가지구나의 활동에 따라 행위가 저절로 일어난다는 뜻이다. 예를 들어 온도계 눈금은 온도의 변화에 따라 저절로 올라갔다 내려갔다 한다. 거기에 행위자는 없다. 물론 누군가가 온도계가 그렇게 작동되도록 만들었겠지만, 여기서 강조하는 것은 누가 왜 온도계를 그렇게 작동하도록만들었냐는 형이상학적인 질문이 아니라 온도계의 작동 자체에는 행위자가 없다는 것이다.

5) **5.17 행위가 행위를 낳는 환생의 고리에서 벗어난다**: 문자적으로는 '환생 없음으로 간다'.

6) **5.20-21 감각의 만족을 추구하지 않는다**: 문자적으로는 '외부와의 접촉에 집착하지 않는다'.

7) **5.23-24 브라만 안에서 영원한 평화에 이른다**: 문자적으로는'브라만 열반(涅槃)에 이른다'. 여기서 열반(涅槃)은 '니르바나'의 번역인데, 촛불을 끄듯이 '불어서 끄다(또는 꺼지다)'라는 뜻이다. 따라서 '브라만 열반'은 '(촛불이 꺼져 사라지듯이) 브라만 안으로 꺼져서 들어감'으로 옮길 수 있다.

8) **5.25 이원성의 분별**: '드바이다스'의 번역이다. '드바이다스'는문맥에 따라 '이중적인 상태', '이원성', '논쟁', '의심', '불확실성' 등의뜻으로 쓰이는 말이다. 드바이다스를 완전히 제거한 사람은 모든 것을

하나로, 곧 브라만으로 인식하는 존재 상태에 도달한 사람을 말한다.

9) **5.27-28** 영원한 자유: '사다 무크타'의 번역이다. '무크타'는 해탈(解脫)이라고 번역되는 말이다.

10) **5.29** 내가: 크리슈나 자신을 가리키는 말이기보다는 참나 아트만을 일컫는 말로 보는 것이 문맥에 어울린다.

제6장 명상의 길

1) **6.1-2** 제단에 날마다 불을 피우고 제물을 바치는 것: 일반적인 인도의 가정에는 집에 제단이 있고 아침마다 불을 피우고 제물을 바치는 관습이 있다. 일상적으로 해야 하는 일을 일컫는 표현으로 보인다.

2) **6.3** 지고한 경지에 도달하고자 하는: 문자적으로는 '요가(상태)로 오르고자 하는' 또는 '요가를 성취하고자 하는'이다.

3) **6.5-6** 마음으로 에고 의식을 정복한 사람: 문자적으로는 '아트만으로 아트만을 정복한 사람'이다. 문자적으로 '(저급한) 자아를 정복한 (지고한) 자아는'으로 번역할 수 있다. '참나로 에고 의식을 정복한 사람'을 가리킨다. '아트만'이라는 단어는 문맥에 따라서 영어로 대문자 'Self'를 가리키기도 하고 소문자 'self', 곧 에고 의식을 뜻하는 말로도 사용된다.

4) **6.8-9** 진정한 식별력: 현상 세계의 속성에서 비롯된 앎이 아닌, 아트만의 앎을 일컫는다.

5) **6.13-15** 성적인 욕망을 단호하게 제어하도록 하라: 문자적으로는 '성욕을 억제하겠다는 서원을 굳게 지켜라'이다. 요가 수행자는 성

욕을 제어하는 수행을 해야만 한다. 성적인 순결을 지키는 그런 수행을 '브라마카리아'라고 한다.

6) **6.23-25** 흔들리지 않게 된다: 문자적으로는 '어떤 것도 생각하지 않게 된다'.

7) **6.28-29** 브라만과의 합일에 이르러: 문자적으로는 '브라만에 맞닿음으로써'.

8) **6.28-29** 모든 존재가 동일한 아트만임을 본다: 문자적으로는 '언제나 같은 것을 본다'.

9) **6.37-39** 수행의 길에서 이탈하여: 문자적으로는 '마음이 요가에서 떠나'.

10) **6.37-39** 구도의 길: 문자적으로는 '브라만에 이르는 길'.

11) **6.40** 아르주나여: 원문은 '내 아들아'이다. 인도에서 윗사람이 아랫사람에게 애정을 표시할 때 일반적으로 사용하는 표현이다.

12) **6.40** 그런 사람: 믿음에까지는 도달했으나, 의지력이 부족하여 요가의 길에서 이탈한 사람을 가리킨다.

13) **6.41-44** 수행은 하지 않고 베다 경전만 암송하는 사람: '사브다-브라마'의 번역이다. '사브다-브라마'는 베다의 규율을 지키는 것, 또는 베다를 암송하는 것이나 베다를 인용하는 것을 뜻한다.

14) **6.46-47** 나에게 완전히 몰입하는 사람: 문자적으로는 '그의 내면의 자아가 나에게 온 사람'.

제7장 현상 세계와 궁극적인 실재

1) **7.2** 지혜: '갸나'의 번역이다. '갸나'는 '앎' 또는 '지혜'라는 뜻이다.

2) **7.2** 깨달음: '비갸나'의 번역이다. '갸나'와 '비갸나'는 '알다'라는 뜻의 어근 '갸나(jna)'에서 파생되었다. 접두사 '비(vi)'는 낱말의 뜻을 강조하는 역할을 한다. 따라서 '비갸나'는 '확고부동한 지혜' 또는 '깨달음'이라는 뜻이다. 비갸나는 책을 통해 배운 학문적인 지식이 아니라 체험을 통한 직접적인 앎을 가리킨다. 따라서 '깨달음'이라고 옮기는 것이 더 적절하다. 라마크리슈나는 이렇게 말한다. "불에 대한 이야기를 단지 듣기만 한 사람은 아갸나[무지]한 사람이다. 불을 본 사람은 갸나[지혜]가 있는 사람이다. 불을 피우고 그것으로 음식을 해 먹을 줄 아는 사람은 비갸나[깨달음]가 있는 사람이다."

3) **7.4-5** 에테르: '아카샤'의 번역이다. 아카샤는 지수화풍 4원소에 더해진 제5의 물질 원소이며, 별빛과 비슷하게 허공을 가득 채우고 있는 신비한 원소다. 오컬트 전통에 따르면 생각과 감정과 모든 행위가 아카샤에 기록된다고 하며, 그것을 '아카식 레코드'라고 부른다. 피타고라스도 아카샤를 제5원소로 언급했다.

4) **7.4-5** 마음, 지성, 에고 의식: 일상적인 차원의 마음이나 생각을 뜻하는 '마나스', 초월적 지성을 뜻하는 '붓디', 내가 무엇을 한다는 자아의식을 가리키는 '아함카라'의 번역이다.

5) **7.4-5** 본성적인 에너지: 영적인 원리 푸루샤가 물질적인 현상 세계에 나타났을 때의 그 본성을 뜻하는 '프라크리티'의 번역이다.

6) **7.6-7** 나보다 더 위는 없다: 크리슈나의 '내적인 본성'이 현상 세계의 궁극의 원인 또는 제1원인이라는 뜻이다.

7) **7.8-9** 열정: '타파스'의 번역이다. '타파스'는 본래 '열이 나서 후끈하게 달아오르다'는 뜻인데, 구도자의 열정적인 수행을 가리키는 말로도 쓰인다.

8) **7.10-11** 모든 존재의 씨이다: '모든 피조물의 최초의 원인이다'라고 옮길 수도 있다.

9) **7.10-11** 욕망이나 집착: '카마라가'의 번역이다. '카마'는 성적인 욕망을 비롯하여 자기가 가지고 있지 않은 것을 갈망하는 욕망을 일컫는 말이며, '라가'는 가지고 있는 것에 대한 애착이나 집착을 일컫는 말이다.

10) **7.10-11** 본능적인 욕망: 주로 성적인 욕망을 일컫는 '카마'의 번역이다.

11) **7.13-15** 가상 현실이다: 원문을 '이 모든 우주가 미혹되어 있다'로 직역할 수 있다. 스크린에 투영된 영상과 같은 환영(幻影)을 실제 현실로 여긴다는 뜻이다.

12) **7.18-19** 나와 하나되는 것: 문자적으로는 '내 안에 거하는 것'.

13) **7.21-23** 참다운 지혜가 있는 사람은: 문자적으로는 '나에게 헌신하는 사람은'.

14) **7.24-26** 창조력: 원문은 '요가 마야'이다. 가상 현실, 곧 '마야를 만들어 내는 요가'라는 뜻이다.

15) **7.24-26** 과거와 현재와 미래의 모든 것을: '세상을 떠난 존재와 살아 있는 존재와 앞으로 올 존재를'이라고 옮길 수도 있다.

16) **7.29-30** 윤회의 수레바퀴: 문자적으로는 '늙음과 죽음'이다.

17) **7.29-30** 제사의 주(主): '아디야즈나'의 번역이다. '야즈나'는 '제사' 또는 '제물'이라는 뜻이고, '아디'는 '지고한' 또는 '우두머리'라는 뜻이다.

18) **7.29-30** 물질 현상을 만들어 내며: '아디부타'의 번역이다. 문자적인 뜻은 '지고한 존재', 곧 물질세계 전체를 일컫는 말이다.

19) **7.29-30** 이 세계가 돌아가게 하는 정신적인 원리: '아드다이바타'의 번역이다. '푸루샤', 곧 이 세계를 만들어 내는 눈에 보이기 이전의 원리로 보는 학자들이 많다.

제8장 우주의 전개 과정과 죽음

1) **8.5-8** 지고한 영혼: 문자적으로는 '가장 높은 푸루샤', 곧 모든 물질 현상의 원인인 브라만의 정신적 원리를 가리킨다.

2) **8.9-10** 생명 에너지: '프라나'의 번역이다. '프라나'는 '호흡' 또는 '생명의 기운'이라는 뜻으로도 쓰인다.

3) **8.9-10** 신적인 정신: '푸루샤'의 번역이다.

4) **8.11** 신에게 자신의 온 삶을 바친 수행자들: '브라마카리암'의 번역이다. 곧 정신적으로나 육체적으로나 성적인 순결을 지키겠다고 맹세하고 그 서원을 지키는 사람들을 가리킨다.

5) **8.12-13** 감각의 문: 문자적으로는 '육체의 모든 문'이다. 눈, 귀, 코, 입, 생식기, 항문을 가리킨다.

6) **8.17-19** 수십억 년: 문자적으로는 '수천 유가'. 브라마가 현상계

를 창조하고 유지하는 브라마의 낮과 브라마의 활동이 쉬는 브라마의 밤의 길이는 같다. 그것을 칼파(kalpa, 겁)라고 하는데, 1칼파는 대략 43억 2천만 년이다. 브라마의 낮 동안 세상은 사차 유가, 트레타 유가, 드바파라 유가, 칼리 유가라는 네 유가를 1천 번 반복한다. 네 유가의 주기는 432만 년이며, 이 주기가 1천 번 반복하는 시간인 1칼파인 43억 2천만 년이 브라마의 낮의 길이다. 브라마의 밤도 낮과 그 길이가 같다. 물론 이런 시간 계산을 영원한 시간을 표현하기 위한 방편으로 볼 수도 있다.

7) **8.20-21** 생성과 소멸이 반복되는 세계로: 문맥에 따라 역자가 덧붙인 구절이다.

8) **8.22** 이 지고한 영혼의 세계: 문자적으로는 '이 가장 높은 푸루샤'.

9) **8.24-25** 태양이 낮이 긴 여섯 달을 지나고 있을 때: 문자적으로는 '태양이 위쪽을 지나고 있는 여섯 달 (동안에)'. 곧 태양이 북쪽 진로를 진행하는 여섯 달을 뜻한다.

10) **8.24-25** 태양이 밤이 긴 여섯 달을 지나고 있을 때: 문자적으로는 '태양이 오른쪽 진로를 진행하고 있을 때'. 인도에서는 해가 뜨는 동쪽을 바라보고 있는 시점에서 오른쪽을 남쪽이라고 한다. 이 구절은 밝음과 어두움, 또는 지혜와 무지를 대조적으로 표현한 것으로 보는 것이 적절하다.

제9장 헌신의 비밀

1) **9.1** 모든 고통과 슬픔에서: 문자적으로는 '악에서' 또는 '불순함에서'.

2) **9.2-3** 법칙: '다르마'의 번역이다.

3) **9.4-6** 나는 그들에 의해 제한받지 않는다: 문자적으로는 '나는 그들 안에 머무르지 않는다'. 이어지는 내용에 따르면 모든 것이 무형의 신성에서 비롯되었고, 모든 존재 속에 무형의 신성이 깃들어 있지만 유형의 존재로는 무형의 신성을 규정할 수 없다는 뜻으로 보인다.

4) **9.7-9** 우주적인 한 주기: '한 칼파', 곧 '한 겁'의 번역이다.

5) **9.7-9** 물질적인 본성: 물질적인 본성 또는 물질의 근본 질료를 가리키는 '프라크리티'의 번역이다. '외적인 본성'이라고 옮길 수도 있다.

6) **9.7-9** 생성과 소멸에: '물질적인 본성의 행위에'로 옮길 수도 있다.

7) **9.11-12** 본성의 두 상태 중에서 악마적인 상태: 프라크리티, 곧 현상 차원에서 활동하는 브라만의 본성에 두 가지 상태가 있다. 에고 의식에서 비롯되는 분별심에 함몰되어 있는 상태와 모든 것이 같은 근원을 지니고 있다는 하나됨의 의식 상태가 그것이다. '본성의 악마적인 상태'란 분별심에 함몰되어 있는 상태이고, 하나됨의 의식 상태는 13-14절에서 언급되는 '본성의 신성한 상태'라고 할 수 있다.

8) **9.15** 지혜의 길: '갸나 야즈나'의 번역이다. 문자적인 뜻은 '지혜를 닦는 수행을 제물로 바치는 제사'이다.

9) **9.18-19** 시작과 중간과 끝: 문자적으로는 '시작과 머묾과 해체'.

10) **9.18-19** 만물이 태어나는 자궁: 문자적으로는 '보물을 간직하고 있는 집'.

11) **9.20-21** 경전의 가르침을 따르며: 문자적으로는 '세 베다(9.17에 언급된 '리그 베다', '사마 베다', '야주르 베다')를 아는 자들'.

12) **9.20-21** 신들의 세계: 문자적으로는 '신들을 통치하는 인드라의 세계'.

13) **9.20-21** 생사윤회를 벗어나지 못한다: 문자적으로는 '오고 감을 얻는다'.

14) **9.23-25** 간접적이기는 하지만: 문자적으로는 '규율에 따라 제사를 드리는 것은 아닐지라도'.

15) **9.23-25** 다시 태어날 수밖에 없다: 문자적으로는 '그들은 벗어난다' 또는 '그들은 떨어진다'.

16) **9.27-28** 행위의 결과에 집착하지 않는 완전한 포기를 통해: 문자적으로는 '포기의 요가를 수행함으로써'.

17) **9.29** 모든 존재 속에 동일한 내가 있다: '나는 모든 존재 속에 있는 동일한 아트만이다'로 옮길 수도 있다.

18) **9.30-31** 불행한 상태에 빠지지 않는다: 문자적으로는 '파멸하지 않는다'.

19) **9.32-33** 경건한 현자: 문자적으로는 '순수한 브라만'.

제10장 신성의 현현

1) **10.6-7** 일곱 명의 현자: '베다'에 나오는 일곱 명의 전설적인 현자를 가리킨다. 이 말이 때에 따라서는 작은곰자리에 있는 일곱 개의 별을 가리키기도 한다.

2) **10.6-7** 인류의 조상들: 문자적으로는 '네 명의 마누'인데, 마누는 태양신 비바스바트가 낳은 최초의 인간 아들이다. '마누'는 '구약 성서'의 '아담'이 '사람'이라는 뜻인 것과 마찬가지로 '(생각하는) 사람'이라는 뜻을 지니고 있다. 비바스바트에게는 14명의 아들이 있었다는 전승과 4명의 아들이 있었다는 등 다양한 전승이 있는데, 여기서는 4명의 아들이 있었다는 전승을 따른 것으로 보인다.

3) **10.6-7** 나에게 온전히 헌신하여: 문자적으로는 '흔들리지 않는 요가로'.

4) **10.8-9** 온 힘을: 숨, 생명의 기운을 뜻하는 '프라나'의 번역이다.

5) **10.10-11** 합일에 이르는 지혜: '붓디 요가'의 번역이다. '붓디'는 초월적 지성 또는 초월적 마음의 식별력을 일컫는다.

6) **10.12-13** 신적인 정신: '푸루샤'의 번역이다.

7) **10.14-15** 지고한 신적인 정신: '푸루쇼트마'의 번역이다. 신적인 정신 중에서도 최상위 정신이라는 뜻이다.

8) **10.17-18** 신비한 능력: '요가'의 번역이다.

9) **10.20** 중심에 있는: '가슴에 머물고 있는' 또는 '심장에 머물고 있는'으로 옮길 수도 있다.

10) **10.22** 베다의 찬가: 찬가로 이루어진 '사마 베다'의 번역이다.

11) **10.22** 바사바: '인드라'의 다른 이름이다.

12) **10.23** 상카라: 생식과 다산, 그리고 파괴를 관장하는 '시바'의 다른 이름이다.

13) **10.23** 비테사: 풍요의 신 '쿠베라'의 다른 이름이다.

14) **10.23** 파바카: 불의 신 '아그니'의 다른 이름이다.

15) **10.23** 메루산: 세상의 중심에 있으며, 신들이 내려와 머무는 산.

16) **10.26** 치타라타: 천상에서 음악을 관장하고 있는 '간다르바' 가운데 우두머리. 간다르바는 한자로 건달바(乾達婆)라고 음역되었는데, 이 말에서 하는 일 없이 건들거리는 사람을 일컫는 '건달(乾達)'이라는 말이 유래되었다.

17) **10.26** 카필라: 인도의 가장 오래된 철학 가운데 하나인 상키야 철학 학파를 설립한 현자.

18) **10.28** 칸다르파: 사랑과 성욕을 관장하는 신. 다른 이름은 '카마'다.

19) **10.34** 명성, 행운, 말(言), 기억, 지혜, 고귀함, 그리고 용서: 산스크리트어에서는 이 단어들이 모두 여성 명사다.

20) **10.36** 선함: 밝고 가벼운 것을 일컫는 '사트바'의 번역이다. '사트바'는 '진실' 또는 '참'이라는 뜻으로도 쓰이기 때문에 이 구절을 '나는 진실을 말하는 자들의 진실이다'라고 옮길 수도 있다.

21) **10.37** 브리쉬니 종족: 크리슈나 자신의 종족이다.

22) **10.37** 바수데바: '바가바드 기타'에서 크리슈나를 '바수데바의 아들'이라고 일컫는 경우가 종종 있다.

제11장 우주의 주, 그의 장엄한 형상

1) **11.3-4** 요가의 주(主): 문자적으로는 '요가의 왕자'.

2) **11.7-8** 영적인 눈: '신적인 눈' 또는 '하늘의 눈'이라고 옮길 수도 있다.

3) **11.12** 위대한 존재: '마하트마나스'의 번역이다. '위대한 자아' 또는 '위대한 영혼'이라고 옮길 수도 있다.

4) **11.18** 모든 것의 근원: 문자적으로는 '태고의 영(靈)'.

5) **11.25** 온 우주를 유지하는: 문자적으로는 '우주의 거주처'.

6) **11.31** 당신이 어떤 분인지: '당신이 하시는 일을' 또는 '당신이 어떤 목적을 갖고 있는지를'이라고 옮길 수도 있다.

7) **11.32-33** 그대가 전투에 참여하지 않는다고 하더라도: 문자적으로는 '그대가 어떤 행위도 하지 않는다고 하더라도'.

8) **11.38** 온 우주의 근원: '푸루샤 푸라나스'의 번역이다. 문자적인 뜻은 '태고의 정신' 또는 '태고의 영혼'이다.

9) **11.47-49** 내 능력: '아트마 요가'의 번역이다. 문자적인 뜻은 '나 자신의 요가'.

제12장 헌신의 길

1) **12.1** 누가 더 흔들리지 않는 합일의 길을 가는 것인지요?: 문자적으로는 '누가 요가를 가장 잘 아는 것인지요?'

2) **12.5-7** 포기: 일상적인 삶을 포기하고 수행에만 몰두하는 것을

일컫는 '산야사'의 번역이다. 그런 길을 가는 사람을 '산야시'라고 한다.

3) **12.5-7** 완전히 몰입: 문자적으로는 '흩어짐 없는 요가'.

4) **12.12** 명상에 몰입하는 것: 한자로 '선정(禪定)'이라고 번역된 '디야나'의 번역이다. '디야나'는 파탄잘리의 '요가 수트라'에 정리되어 있는 요가의 8단계 가운데 7번째 단계에 해당하는데, 집중하고 있는 대상을 향해 흐르는 의식이 끊어지지 않는 상태를 말한다. 이 단계를 넘어가면 대상의 본성이, 집중하고 있는 사람의 마음에 의해 왜곡되지 않고 그 자체가 스스로 빛나는 상태인 '사마디(三昧)'가 온다.

제13장 물질과 신적인 정신

1) 이 절이 포함되지 않는 판본들이 많다. 이 절이 본문에 포함되면 '바가바드 기타' 전체가 701절이 되고, 그것은 전체가 700절로 되어 있다는 전통적인 견해와 달라진다. 또한 이 절이 포함되지 않아도 가르침을 이해하는 데 아무런 문제가 되지 않기 때문에 대부분의 판본에는 이 절이 누락되어 있다.

2) **13.3-4** '브라마 수트라': 바타라야나가 편찬한 '브라마 수트라'를 가리키는 것이 아니라는 견해가 있다. 그 책은 '바가바드 기타'보다 훨씬 늦은 A.D. 200년 무렵에 편찬되었기 때문이다. '바가바드 기타' 이전에 브라만에 관한 찬송 또는 경구를 모아 놓은 다른 어떤 책이 있었던 것으로 보인다.

3) **13.5-6** 다섯 가지 물질 원소 / 다섯 가지 감각기관 / 다섯 가지

감각 대상 / 다섯 가지 작용 기관: 각각 흙 · 물 · 불 · 바람 · 에테르 / 눈 · 귀 · 코 · 혀 · 몸 / 색깔 · 소리 · 냄새 · 맛 · 감촉 / 입 · 손 · 발 · 항문 · 생식기 등을 뜻한다.

4) **13.13-14** 모든 감각 활동을: 문자적으로는 '감각에서 일어나는 모든 구나의 나타남을'.

5) **13.17** 가슴속에: '심장 속에'라고 옮길 수도 있다.

6) **13.23.** 어떤 수행의 길을 가든지: 문자적으로는 '윤회의 어떤 단계에 있든지'.

7) **13.24-25** 명상 수행을 통해서: 문자적으로는 '디야나[禪定]를 통해서'.

8) **13.24-25** 지혜의 길을 감으로써: 문자적으로는 '상키야 요가를 수행함으로써'.

9) **13.24-25** 집착 없이 행위하는 길을 감으로써: 문자적으로는 '카르마 요가로'.

제14장 현상 세계를 움직이는 세 기운

1) **14.3-4** 프라크리티: 문자적으로는 '위대한 브라마'이다.

2) **14.6** 그대의 참나 아트만: '아나가'의 번역이다. 문자적으로 '죄 없는 자'라는 뜻의 '아나가'는 아르주나의 여러 별칭 중에 하나다.

3) **14.11-13** 육체의 모든 세포: 문자적으로는 '이 몸의 모든 문'. 육체의 9개의 구멍을 일컫는 말이다.

4) **14.16** 선한 행위: 문자적으로는 '잘한 행위'. 크리슈나의 가르

침 전체 맥락으로 볼 때 결과에 집착하지 않는 행위를 가리키는 것으로 보인다.

5) **14.19** 지혜가 있는 사람: 문자적으로는 '관찰자' 또는 '구경꾼'. 행위를 하면서도 자신을 행위자로 보지 않는 사람을 가리킨다.

6) **14.26-27** 변함없이 헌신하는 요가로 나를 섬기는 사람은: 문자적으로는 '박티 요가를 흔들리지 않고 수행하는 사람'.

제15장 생멸과 불멸을 초월한 참나

1) **15.1** 아슈바타 나무: 어떤 주석가는 피팔 나무라고도 하고 또 어떤 이는 반얀 나무라고 하기도 한다. 많은 주석가들이 뿌리를 위에 두었다는 것은 이 나무의 기원이 브라만이기 때문이고, 가지가 아래로 뻗었다는 것은 현상 세계로 전개되었기 때문이라고 해석한다.

2) **15.2** 아래로 뻗어 내리는 뿌리: 이 나무는 원래 뿌리가 위에 있는 나무인데, 아래로 뿌리가 뻗었다 함은 감각 세계가 의식을 지배한 상태를 말한다.

3) **15.7-9** 육체 속에 머무는 동안: 문자적으로는 '프라크리티 안에 머무는 동안'.

4) **15.10-11** 참나 아트만: '이것'이라는 뜻의 '에남'의 번역이다. 크리슈나의 조각, 곧 개체 안에 들어온 아트만을 가리킨다.

5) **15.12-14** 소마: '베다'에는 '소마'가 신들이 마시는 물로 언급되어 있다.

6) **15.12-14** 들숨과 날숨: '프라나'와 '아파나'가 결합된 '프라나

파나'의 번역이다. '프라나'는 몸으로 들어오는 생명의 기운을 운반하는 들숨이고, '아파나'는 노폐물을 배출하여 몸을 정화하는 날숨이다.

7) **15.15 가슴속에**: '심장 속에'라고 옮길 수도 있다.

8) **15.15 베단타**: 문자적인 뜻은 '베다의 끝'. 보통 베다의 정수인 '우파니샤드'를 베단타라고 한다.

9) **15.16-17 불멸의 존재**: 무엇을 가리키는 말인지는 분명하지 않다. '생멸하는 존재'는 감각 세계 안에 나타나는 뭇 존재들과 그들이 보여 주는 다양한 현상들을 일컫고, '불멸의 존재'는 감각 세계 자체, 곧 프라크리티를 말하는 것일 수 있다.

10) **15.18-19 나를 향한다**: 문자적으로는 '나를 섬긴다' 또는 '나를 숭배한다'.

11) **15.20 의무**: '다르마'의 번역이다.

제16장 신적인 길과 악마적인 길

1) **16.1-3 영적인 수행의 길**: '갸나 요가'의 번역이다. '갸나 요가'는 지적인 분석과 식별력을 사용하여 흔들림 없는 앎의 경지에 도달하려는 요가이다. '지혜의 길' 또는 '앎의 길'이라고 번역할 수 있다.

2) **16.5 영원한 자유**: '모크샤'의 번역이다. '모크샤'는 흔히 '해탈(解脫)'이라고 번역된다.

3) **16.19-20 악마의 자궁 속으로**: 문자적으로는 '윤회의 수레바퀴 속으로'.

4) **16.21-23 이 세 가지**: 문자적으로는 '이 세 가지 타마스의 문(門)'.

제17장 세 종류의 믿음

1) **17.1 믿음**: '슈랏다'의 번역이다. 이 말의 원래 뜻은 분명하지 않지만, 기본적으로 '마음속에 간직하고 있는 것'이라는 의미를 가지고 있다. 어떤 사람이 삶에서 가장 중요하게 생각하는 것이 그 사람의 '슈랏다'라고 보면 될 듯 싶다.

2) **17.1 밝음, 격정, 어두움**: '사트바, 라자스, 타마스'의 번역이다.

3) **17.4 천상의 신들**: '데바'의 번역이다.

4) **17.5-6 고행**: '타파스'의 번역이다. '뜨겁다' 또는 '고통스럽다'는 뜻을 가지고 있는 '타프'에서 온 말이다. 그래서 '타파스'는 열이 나는 고통스러운 훈련이라는 뜻이 되었다.

5) **17.7 수행하는**: 문자적으로는 '고행하는'.

6) **17.14 두 번 태어난 사람**: 문자적으로는 '성스러운 줄(탯줄)을 두른 사람'으로 카스트의 고위층 멤버를 일컫는다. 첫 번째 출생은 자연적인 출생이고, 두 번째 출생은 빛의 아이로 태어나는 영적인 출생이라는 해석에 따라서 '깨달음을 얻은 이'라고 옮길 수도 있다.

7) **17.23-27 자유로워지기만을 바라면서**: 문자적으로는 '모크샤만을 바라면서'. '모크샤'는 해탈(解脫)이라고 번역되는데, '풀려남' 또는 '자유로워짐'이라는 뜻이다.

제18장 결론 - 포기와 자유

1) **18.1 포기와 초연함**: '산야사와 티아가'의 번역이다. 두 낱말 모

두 포기한다는 뜻을 가지고 있는데, 그 중에서 '산야사'는 특별히 일상적인 삶을 포기하고 정처 없이 방랑하면서 영적인 순례의 삶을 살아가는 사람들의 태도를 가리키는 말로 쓰인다. 그렇게 살아가는 사람들을 산야시라고 하는데, 가정과 사회에 대한 의무를 포기하고 수행에 몸을 던진 사람들을 일컫는다. '티아가'는 의무와 행위를 포기하는 것이 아니라, 일상적인 행위를 하되 결과에 대한 집착을 포기하는 것을 말한다. 그래서 본문에서는 '초연함'이라고 번역했다.

2) **18.4** 초연함에는 세 종류가 있다: '대가를 바라지 않는 초연한 마음으로 행할 세 가지 행위가 있다'는 뜻처럼 보인다.

3) **18.11-12** 초월적 자유를 누린다: 문자적으로는 '그 무엇이 없다'. 곧 위에서 언급한 '즐거움과 괴로움, 그리고 그 둘이 섞인 세 가지 열매' 중에 그 어떤 열매도 맛보지 않는다는 뜻이다.

4) **18.13-15** 상키야 철학: 상키야는 인도 철학의 여섯 갈래 가운데 가장 오래된 철학이다. 상키야는 '이성을 통해 해탈에 이르는 길'로 알려져 있다. 사전적으로는 '영혼의 진정한 본성을 설명하는 철학'이라는 뜻이다.

5) **18.13-15** 행위를 하는 대리인: '만드는 자', '하는 자', 또는 '대리인'이라는 뜻을 지니고 있는 '카르타'의 번역이다. 현상 차원에서 활동하는 개체화된 자아를 일컫는 것으로 보는 해석자들이 많다.

6) **18.13-15** 행위를 일으키는 기운: 문자적으로는 '(행위의) 도구'.

7) **18.13-15** 감각기관의 활동: 문자적으로는 '여러 가지 분리된 행위들'.

8) **18.39** 영적인 무지: 문자적으로 '잠'.

9) **18.49-50** 행위의 구속에서 완전히 벗어난다: 문자적으로는 '행위 없음이라는 지고한 완성에 이른다'. '무위(無爲)라고 하는 지고한 완성 상태에 이른다'라고 옮길 수도 있다.

10) **18.57-58** 초월적 지혜를 닦는 요가 수행: '붓디 요가'의 번역이다.

11) **18.59-60** 가상 현실을 현실로 착각하여: '모하'를 풀어서 번역한 것이다. '모하'는 가상 현실인 마야를 실재인 것처럼 착각하는 '미혹' 또는 '망상'을 일컫는 말이다.

12) **18.61-62** 가상 현실: 실재가 아닌 것이 실재처럼 보이는 '마야'의 번역이다.

13) **18.63-64** 지극한 지혜의 가르침을: 문자적으로는 '비밀보다 더 비밀스러운 지혜에 대해서'.

14) **18.74-77** 영적인 합일에 대한 지고한 비밀: 문자적으로는 '요가의 지고하고 성스러운 비밀'.

바가바드 기타

1판 1쇄 발행일 | 2019년 9월 25일
1판 8쇄 발행일 | 2024년 5월 20일

풀어 옮김   정창영

펴낸이   권미경
펴낸곳   무지개다리너머
주소   서울시 은평구 응암로 310
팩스   0504-367-7201
이메일   beyondbook7@gmail.com
블로그   blog.naver.com/brbbook
등록번호   제25100-2016-000014호(2016. 2. 4.)
ISBN   979-11-90025-01-0 03150

이 도서의 국립중앙도서관 출판사도서목록(CIP)은 서지정보유통지원시스템 홈페이지
(http://seoji.nl.go.kr)와 국가자료공동목록시스템(http://www.nl.go.kr/kolisnet)에서
이용하실 수 있습니다.(CIP제어번호: CIP2019036232)

우파니샤드
- 인간의 자기 발견에 대한 기록

"같은 나뭇가지에 앉아 있는 새 두 마리, 한 마리는 열매에 탐닉하고 다른 한 마리는 그런 행위를 지켜본다. 환영의 덫에 걸려 신음하는 우리네 모습이 열매에 탐닉하는 새이며, 지켜보는 새는 우리가 발견해야 할 우리의 신적인 본성이다."

정창영 편역 | 400쪽 | 16,000원

행복한 지구 생활 안내서
- 잊어버린 기억을 찾아서

"이곳 지구는 하나의 단계이자 무대이며, 배움을 위한 교실입니다. 따라서 삶에서 일어나는 모든 일들은 알아차림을 확장시키는 데 그 목적이 있습니다."

패트 로데가스트, 주디스 스탠턴 편집 | 정창영 옮김 | 352쪽 | 15,000원

예언자
- 삶을 치유하는 아름다운 비전

"그대들은 알게 될 것이다. 모든 것이 괜찮다는 것을."
보편적인 인생 질문 26가지에 대한 단순하고 신선한 접근 방식이 우리들 마음에 깊은 공명을 불러일으킨다.

칼릴 지브란 글 그림 | 정창영 옮김 | 200쪽 | 12,000원